AF410796

ELOGE de la FOLIE
ERASME
MORUS

L'ELOGE

DE

LA FOLIE,

TRADUIT DU LATIN D'ERASME,

PAR

Mr. GUEUDEVILLE.

A BERLIN,

Aux Depens de la Sagesse.

M DCC LXI.

PREFACE
DU TRADUCTEUR.

ERASME fut d'une vaste Litérature, & d'un discernement exquis: il possedoit à fond les Auteurs; & personne n'a, peut-être, jamais si bien mis en œuvre le savoir & l'erudition. Il excelloit dans la connoissance des Livres; & le principal but de son assiduité à l'étude étoit de réflèchir sur les mœurs. Il seroit bien à souhaiter, que les Savans imitassent ce grand modèle: au lieu de ces hautes spéculations qui, presque toujours, sont creuses & stériles, ils nous enseigneroient le vrai usage de la Raison, & ils pourroient profiter les premiers de leur travail.

Il est vrai, qu'Erasme avoit un talent tout extraordinaire pour la Morale: il semble que la Nature l'avoit choisi pour en faire un prodige dans ce genre-là; & il y auroit une espèce de témérité, d'aspirer à la perfection

A

de

de ce fameux Cenfeur du Genre-humain. Il avoit, au fuprème degré, les qualités re-quifes pour peindre au naturel cet Animal défectueux, difforme, & tout contradictoi-re, qui s'apelle *Homme* : un génie fupérieur, ètendu, pénètrant, vif, tout à fait heureux. Mais, à mon fens, l'endroit par où il brille le plus, c'eft fon enjoüement. Badinant fur tous les ridicules qu'il rencontre en fon chemin, fes railleries font fi bien affaifon-nées de grace & de délicateffe, de bon fens & de modèration, qu'on ne fauroit dècider fi l'agréable y domine fur l'utile, ou fi l'u-tile l'emporte fur l'agréable- Ses pointes ne piquent point les gens d'efprit, fon fel n'eft ápre que pour les fots ; & on peut nommer fon ingénieufe Satire, une envelo-pe de Sageffe, une boiffon délicieufe dans laquelle il infufe le meilleur reméde contre les vices.

Mais fi le cèlébre Erafme s'eft jamais fur-paffé dans l'art de moralifer, ça été fans doute dans fon *ELOGE DE LA FOLIE.* Il réünit fur ce fujet toutes les forces de fon génie par-faitement ironique : & au lieu que, dans fes autres Ouvrages, il ne frape & ne tire qu'en paffant, c'eft ici une guerre en forme contre les Hommes ; il les attaque ouvertement, il les bats en ruïne. Le plan de la Piéce eft digne d'un fi grand Maitre. Eriger la Folie
méme

même en Actrice, qui se moque savamment, judicieusement, finement, de la Vie humaine, il faloit être Erasme pour s'en aviser. L'invention ne pouvoit être plus heureuse, ni plus juste. La Folie étant la Reine des Hommes ; elle a droit de les censurer ; la Folie étant la meilleure amie des Hommes, elle étoit la plus propre à leur dire leurs vérités ; enfin, la Folie dominant sur les plaisirs des Hommes, il lui apartenoit, à titre de préférence, de jouer avec eux , & de les divertir. Il n'y a qu'un inconvénient : les Hommes croient la Folie, tant qu'elle parle en Folle ; & dès qu'elle emprunte la voix de la Raison, ils ne la reconnoissent ni ne l'entendent plus. C'est aparemment par cet endroit que la Déclamatrice d'Erasme n'a point réüssi dans le meilleur de son dessein, qui étoit de changer les mœurs : les Hommes ont les mêmes travers de sens & de conduite, qu'ils ont eu de tout tems, & vraisemblablement ils les auront de génération en génération   Ce n'est pas la faute de notre Actrice moralisante ; elle ne pouvoit s'y prendre mieux pour convertir ses Auditeurs : & puisque la Folie même n'a pû amener les Hommes à la sagesse , hélas! il n'est que trop sûr qu'ils n'y viendront jamais.

Pour donner une légére idée du succès de cette petite Piéce , je ne sai si aucune au-

A 2

tre

tre production d'Erasme a fait tant de bruit
dans la République des Lettres.   Un des in-
times amis de l'Auteur assure, que *l'ELOGE
DE LA FOLIE* avoit été réimprimée déja
plus de dix fois.   Charles Patin, qui en pro-
cura une nouvelle Edition sur le Manuscrit de
Basle, parle en ces termes.   „ J'ai cru qu'il
„ seroit utile de remette sous la Presse ce petit
„ Ouvrage tant de fois réimprimé. Cette Dé-
„ clamation a comme disparu dans la Républi-
„ que des Lettres ; &, quoiqu'on l'ait traduit
„ presque en toute Langue & en tout Païs,
„ à peine s'en trouve-t il chez les Libraires.
„ Tout le monde estime cette Piece; & ceux
„ même qui n'en sont pas contens, la deman-
„ dent avec empressement. Permis à chacun
„ d'en juger selon sa portée, ou plûtôt selon
„ son penchant : mais il est certain, qu'elle est
„ toute pleine d'esprit & d'érudition ; & les
„ Lecteurs mémes qui ont leurs raisons pour
„ la blâmer, ne sauroient disconvenir qu'elle
„ ne soit très bien écrite. Ecoutez ce que
„ notre Erasme écrit là-dessus à l'Abbé de Saint
„ Bertin.   Au reste, dit-il, la matiére est plai-
„ sante d'elle-même : mais je n'attaque au-
„ cune sorte d'Hommes mal - honnêtement,
„ & je ne raille personne en particulier, que
„ moi-même.   Enfin, que cet Ouvrage - là
„ soit ce qu'on voudra : il est bien reçu de
„ tous les Savans ; les Evêques, les Arche-
                              vêques,

„ véques, les Rois, les Cardinaux le trouvent
„ de leur goût ; il plait même à notre Saint
„ Pere le Pape, & Leon X. l'a lû tout entier.

Quant à ma Traduction, j'ai suivi le chemin du milieu, c'est-à-dire, autant que je m'y connois, le plus raisonnable ; ne m'étant pas borné scrupuleusement à lidée de mon Auteur ; mais aussi, n'ayant rien ajouté que de conforme à son sens.

Les Notes font de Gerard Listre, savant Medecin, qui, ayant demeuré quelques mois avec Erasme, avoit lié avec lui une étroite amitié. Comme il m'a semblé que des remarques de Littérature ne conviennent point à une Traduction, qui n'est proprement que pour ceux qui n'entendent pas l'Original ; je me suis cru obligé de les omettre, m'étant contenté d'inferer celles que j'ai jugé conformes à la curiosité d'un Lecteur qui ne se soucie ni d'Hèbreu, ni de Grec.

J'avertis aussi, que si on trouve dans mon stile une trop grande abondance de mots, on doit me le pardonner : je me suis accommodé en cela à la diction de mon Auteur, & je n'aurois pû, sans l'affoiblir, serrer mes expressions ; outre que ces redites passent, à la chaleur d'une Déclamation.

A 3   PREFACE

PREFACE

D'ERASME

ADRESSE'E 'A

THOMAS MORUS,

Son Ami.

Retournant derniérement d'Italie en Angleterre, pour ne pas perdre à des converſations où les Muſes n'ont aucune part, tout le tems qu'il falloit voyager à cheval, j'aimai mieux repenſer quelquefois à nos Etudes communes, & joüir en idée de ces ſavans & agréables Amis que j'avois laiſſé ici. Comme vous tenez le premier rang entre ces Amis, Illuſtre Morus, c'étoit vous auſſi dont le ſouvenir m'occupoit le plus. Je vous rapellois ſouvent dans ma mémoire, & j'en recevois un extrème plaiſir, m'imaginant être auprès de vous, & ſentir réellement cette douceur, que je puis jurer avoir été la plus grande de ma vie.

Réſolu de m'occuper à quelque choſe, comme un pareil loiſir n'étoit pas bon pour une méditation ſérieuſe, je m'aviſai de badi-

ner

ner en faifant l'Eloge de la Folie. Quelle Minerve vous infpira ce bizarre deffein ? direz-vous. Premiérement, Pallas me fit remarquer, que les Grecs ayant nommé la FOLIE MORIA, ce terme, FOLIE, aproche autant en Grec de votre Nom de Famille, que vous êtes éloigné de fa fignification : car vous êtes connu par-tout pour un des plus fages Hommes du Siécle. Outre cela, je crus que ce jeu d'efprit feroit fort de votre goût. Je me flate qu'il y a de la Litérature & du fel, dans le badinage que je vous préfente ; & je fai d'ailleurs, que rien ne vous divertit tant, que les railleries de cette nature - là : vous riez, en Démocrite, de la vie humaine. Mais quoique, par une grande fupériorité de génie, vous foyez beaucoup au-deffus du Commun, vous ne laiffez pas de vous rabaiffer avec plaifir à la portée de tout le monde ; &, pour employer l'expreffion de Tibere, „ vous êtes „ propre à tout, & à tous les momens.

Agréez donc, s'il vous plait, cette petite Déclamation : Je vous l'offre, comme le gage d'une amitié qui doit durer autant que nous. J'efpére même, que vous prendrez cette Piéce fous votre protection ; car, dès que j'ai l'honneur de vous la dédier, elle eft plus la votre, que la mienne. Je m'attens bien, qu'on ne manquera pas de m'attaquer. Les Chicaneurs diront, que ces badineries

A 4   des-

des - honorent la gravité Théologique, &
que cette Satire eft tout opofée à la modèration Chrétienne : ils m'accuferont de reffuf-
citer (1) l'ancienne Comédie, & de mordre
tout le monde, (2) comme un nouveau Lucien.   Mais je prie d'avance ceux qui fe fcan-
daliferont de la baffeffe du fujet, & de la
plaifanterie avec laquelle je le traite, de vouloir faire attention à une chofe : c'eft que je
ne fuis pas l'inventeur de cette maniére d'é-
crire, & que je n'ai fait qu'imiter en cela les
plus anciens & les plus célébres Auteurs.
Combien s'eft-il écoulé de fiécles, depuis qu'
Homere a écrit la Guerre des Grenoüilles &
Rats ? Virgile ne s'eft-il pas éxercé fur le Mou-
cheron ; & Ovide fur la Noix ? Polycrate
a fait

---

(1) *L'Ancienne Comédie.*) *Celui qui l'inventa,
fut un certain Sufarion, de la Ville Megare.   Ce
Théatre naiffant étoit fi libre, ou plûtôt fi licentieux,
qu'on y nommoit les fpectateurs en reprenant leurs
vices : mais cela fut défendu par une Loi faite exprès ;
& depuis la réformation de cet abus, on apella Scene,
Nouvelle Comédic.   Chez les Latins, la Satire fuc-
ceda à la ancienne Comédie.*

(2) *Comme un nouveau Lucien.*) *Ce fameux
Dialogifte étoit un Rhéteur de Samofate, & fi fatirique, qu'il n'épargnoit pas même les Dieux ; ce qui le
fit furnommer l'Impie.*

a fait l'Eloge (1) de Busiris, & Isocrate le réfuta ; Glaucon a loué l'injustice ; Favorin (2) Thersite, la Fiévre quarte ; Sinesius la Tête chauve ; Lucien la Mouche parasite. Senèque n'a-t-il pas badiné sur l'Apothéose de l'Empereur (3) Claude ? Plutarque n'en a-t-il pas fait autant, dans le Dialogue de Gryllus changé en Pourceau. & d'Ulisse ? Lucien & Apulée ne se sont-ils pas égayés sur l'Ane ? & un je ne sai qui, sur le Testament d'un Cochon ? Saint Jerôme en parle.

Si mes Censeurs ne veulent pas se payer de cette monnoye-là, ils n'ont qu'à s'imaginer que je joue aux Echecs pour m'amuser, ou à quelque jeu d'enfant. Il n'y a point de condition dans la vie, à qui on ne permette quelque divertissement : ce seroit donc une grande injustice, d'interdire aux Gens de Lettres un peu de badinage pour se délasser l'esprit. Mais si jamais on doit leur permettre de badiner, c'est lorsqu'ils le font utilement pour les Lecteurs. Pour peu qu'on ait de génie, on

profite

---

(1) De Busiris.) *Cruël Tiran d'Egypte ; Hercule en purgea la Terre.*

(2) Thersite.) *Homere, qui le met au Siege de Troye, en fait un portrait affreux ; louche, boiteux bossu &c.*

(3) Claude.) *Lucien tourne joliment en ridicule cet Empereur, qui voulut être mis au nombre des Dieux.* A 5

profite ordinairement plus des bagatelles finement tournées, que des matiéres férieufes &
brillantes.   L'un célèbre l'Eloquence, ou la
Philofophie par un Eloge tout coufu de piéces de raport; l'autre fait pompeufement le
Panégyrique du Prince; celui-là prononce un
beau difcours pour animer à la guerre contre
le Turc; celui-ci infatué de l'Aftrologie judi-
ciaire, ou Impofteur de profeffion, prédit
l'avenir; l'autre forme de nouvelles difficultés fur des riens. Ces productions font presque toujours autant infructueufes, que la badinerie eft profitable.   Et d'ailleurs, comme
rien n'eft fi fot, que de badiner fur un fujet
grave & férieux; rien auffi n'eft plus agréable, que de trouver dans la plaifanterie un
tour grave & férieux.   C'eft au Public à juger de cette Raillerie-ci : mais, à moins que
l'amour propre ne m'aveugle, je n'ai point
fait en fou l'Eloge de la Folie.

Maintenant, pour me mette à couvert du
reproche qu'on pourroit me faire touchant la
Satire, je foutiens, que de tout tems il a été
permis de fe moquer du train commun des
Hommes, pourvû que cela n'aille pas jufqu'à la licence & à la fureur. J'admire, combien les oreilles font délicates de nos jours:
on ne veut que des Titres flateurs & magnifiques : on en voit même, qui ont un fi grand
travers de Religion, qu'ils fuporteroient plû-
tót

tôt les plus horribles blasphèmes contre Je-sus - Christ, que de passer la moindre raille-rie contre le Pape, ou contre le Prince, & sur-tout, quand il y va de l'interêt.

Mais je voudrois qu'on répondît à une que-stion : Celui qui critique le Genre-humain, sans attaquer aucun Particulier, dites moi, je vous prie, peut-on, avec une ombre de justice, le nommer Satirique? N'est-il pas vrai plûtôt, que ce Censeur ne fait que montrer le bon chemin? Autrement, combien me satirisai-je moi-même? De plus : celui qui déclame gé-néralement contre toutes les différentes con-ditions, fait bien voir qu'il n'en veut point aux Hommes, mais uniquement à leurs dé-fauts. Si quelqu'un donc se trouve offensé dans ce badinage, s'il s'en plaint, qu'y gagne-ra-t-il? Il fera voir qu'il est coupable, ou qu'il craint de passer pour tel. Saint Jerôme a ba-diné dans ce genre-là bien plus librement & plus satiriquement, ne faisant pas même scru-pule de nommer. Pour moi, outre que je ne me suis écarté en rien du général, j'ai tel-lement ménagé mes expressions, que tout Lecteur judicieux connoîtra sans peine, que j'ai eu plus en vûë de divertir, que de mor-dre. Je n'ai pas, comme Juvenal, remué l'égoût de la Scélératesse; je me suis plus at-taché aux mœurs risibles, qu'aux mœurs hon-teuses. Mais enfin, si toutes ces raisons ne

paroît-

paroissent pas valables, on n'a qu'à se souvenir, qu'il est glorieux d'être censuré par la
Folie ; & que, la faisant parler, il a bien falu
que je me sois accommodé au caractère du
personage. Mais pourquoi vous importu-
ner de mon droit, vous qui êtes un si habile Avocat, que les causes qui ne sont pas
des meilleurs, deviennent très bonnes entre
vos mains ? Adieu, très-célèbre Morus ;
prenez soigneusement la défense de votre
Morie.

A la campagne ce 10. *Juin* 1508.

L'ELOGE

L'ELOGE
DE LA
FOLIE.

DECLAMATION. (1).

C'est la Folie qui parle.

J'ENTREPRENS aujourd'hui de repousser les traits empoisonnés de la Médisance, qui se plait à m'attaquer. Je sai jusqu'ou va son acharnement contre moi; & que mes Favoris-mêmes ne rougissent point de me déchirer. Mais on a beau me noircir; cette FOLIE que vous voyez c'est elle, c'est elle pourtant, qui a le pouvoir de remet-

---

(1) Déclamation.) *C'est à dire ici, un jeu d'esprit. Au reste, Erasme introduit la Folie comme une de ces Divinités de theatre, qui anciennement débutoient par leurs louanges; ce qui convient d'autant mieux à la Folie, que c'est le caractère d'un Fou, de se louer, & de s'admirer.*

remettre en belle humeur les Dieux & les Hommes.

Preuve de cela : n'eſt-il pas vrai que, dès que j'ai paru devant cette nombreuſe Aſſemblée, la joye a commencé d'y éclater ? vous avez marqué tous un air ſi content ! Vous n'en avez même pu vous empêcher de rire en voyant ma figure ! & depuis que je ſuis ici, on vous prendroit pour des (1) Dieux d'Homere, enyvrés d'un Nectar mêlé de (2) *Nepenthe* ; au - lieu qu'auparavant, vous aviez le chagrin & l'inquiétude peints ſur le viſage. A vous voir mornes & ſombres comme vous étiez, on ne pouvoit mieux vous comparer qu'à des gens ſortis tout récemment de (3) l'Antre de Trophonius. Je ſuis un Printems à votre égard. Lors qu'après un Hiver affreux, le Soleil repend ſa fécondité, & nous ramène ces douces influences qui fondent les neiges & les glaces, & qui rendent à la Terre ſa fertilité naturélle ; alors tout change à nos yeux, tout prend une face nouvelle, tout rajeunit. J'ai produit, à peu près, cet heureux effet ſur vous. Dès que j'ai paru, vous n'avez plus été les mêmes. Ainſi j'ai atteint, par ma ſeule préſence, le but où

d'ha-

---

(1) Des Dieux d'Homere.) *Parce que ce fameux Poëte les a inventés.*

(2) Nepente.) *Herbe réelle ou imaginaire, dont le ſuc mêlé avec le vin, excitoit à la joye.*

(3 L'Antre de Trophonius.) *Suivant la ſuperſtition Payenne, un Diable étoit l'Oracle de cet Antre - là ; & comme ceux qui y entroient pour le conſulter, en ſortoient tout défigurés, la choſe tourna en Proverbe, pour deſigner une perſonne abbatuë de chagrin.*

d'habiles Orateurs peuvent à peine arriver par des discours longs, & longtems médités : ils se tuent pour dissiper vos soins ; & moi, Folie, j'y ai réussi en me montrant, & sans ouvrir la bouche.

Or si vous êtes curieux de savoir pourquoi je parois ici dans ce bizarre équipage, je vais vous le dire ; bien entendu, que vous ne vous lasserez pas de m'écouter. Ce n'est pas une attention (1) de Sermon, que je demande : c'en est une semblable à celle que vous avez coutume de donner aux Bâteleurs, aux Farceurs, aux Charletans des Places publiques. Ecoutez-moi comme (2) Midas, qui étoit des nôtres, écoutoit la Musique du Dieu Pan. Car j'ai envie de faire un peu (3) la Sophiste avec vous, La Sophiste ? Quoi ! je contreferois ce genre d'*Ergoteurs* qui n'inspirent aujourd'hui à la jeunesse qu'un tas de bagatelles épineuses, & une chicane encore plus opiniatrée que ne le sont les noises & les querelles des femmes ? Nullement : mais je veux imiter ces Anciens qui, pour eviter le nom de Sage, nom infame à mon goût, prirent le masque de la Sagesse, & se firent appeller *Sophistes* : gens dont l'occupation favorite

étoit

(1) Attention de Sermon.) *Laquelle est souvent fort languissante.*

(2) Midas.) *Il trouvoit que Pan chantoit mieux qu'Apollon.*

(3) Sophiste.) *Ce fut d'abord le titre des Philosophes & des Professeurs en Sagesse ; ensuite, des Rhéteurs ; & à la fin, ce nom ne signifie plus qu'un grand & subtil diseur de rien.*

étoit de célébrer, avec l'encensoir de leur Rhétorique, la gloire des Dieux & des Héros. Vous allez donc entendre le Panégirique, non d'un Hercule, non d'un Solon, mais de moi, c'est à dire, de la Folie.

Afin que vous le sachiez, j'ai un souverain mépris pour ces Sages qui crient au fat, à l'insolent, quand quelqu'un se vante & s'en fait accroire. Quils traitent tant qu'ils voudront cet homme - là de sot & de ridicule, j'y consens: mais du moins, ils avoueront que ce fou garde la bienséance de son caractère. Quoi de plus convenable à la Folie, que d'être la trompette de son mérite, que de faire retentir ses louanges par-tout? Qui peut mieux me tirer au naturel, que moi - même?

Il me semble néanmoins, qu'en cela j'agis encore beaucoup plus modestement que le commun des Grands & des Sages du Monde. Une mauvaise honte les empêche de se louer euxmêmes: mais que fait - on? On gagne un Panégiriste flateur, on achete une Muse hableuse; & on s'embaume ainsi de la douce fumée d'un Eloge, qui presque toujours n'est qu'un tissu de mensonges finement tournés. (1) Cependant, le bon Seigneur avec son air modeste étend son plumage comme le Paon léve la crête à la voix du Flateur impudent, qui compare un lourdaut à la Divinité; qui propose, comme un modèle accompli de toute vertu, un homme

qu'il

---

(1) *On en veut ici sourtout aux louanges que les Orateurs sacrés donnent publiquement aux Grands.*

qu'il fait en être infiniment éloigné; qui orne la Corneille de plumes étrangéres; qui s'efforce de blanchir la peau de l'Ethiopien; enfin, qui par sa Rhétorique, comme par une espèce de Magie, fait beaucoup de peu, & transforme *la Mouche en Eléphant*. Mais à quoi bon tant babiller? Pour revenir sur mon chapitre, je fais ce que dit le Proverbe: *N'y a-t-il personne qui te louë? Tu as raison de te louer toi-même.*

A vous parler franchement, Messieurs, je ne puis assez admirer le procedé des hommes à mon égard. Est-ce ingratitude? Est-ce nonchalance? Je n'en sai rien, demandez leur. Ils ont de l'affection & de l'attachement pour moi; ils reçoivent volontiers mes bienfaits; j'ai tout sujet de me flater que je suis leur meilleure amie: avec tout cela, depuis que le Monde est Monde, s'est-il jamais trouvé un seul homme qui ait daigné célébrer ma gloire, & composer mon Eloge? On a écrit en faveur des plus indignes sujets. Les Busiris, (1) les Phalaris, la Fievre quarte, la Mouche, la Tête chauve, tant d'autres pestes de cette nature-là ont eu des Apologistes qui ont consacré leurs veilles à les illustrer: mais pour moi, pour la pauvre Folie, rien.

Je suis donc réduite à me louer moi-même, & c'est ce que je vais faire. Ce sera sur le champ, au moins, & sans aucune préparation; tant mieux, j'en mentirai moins. N'allez pas vous imaginer qu'il y ait de l'ostentation, de la hablerie dans mon fait: je ne suis pas comme la

plupart

____

(1) Lucien *a fait l' Apologie de Phalaris.*

B

plupart des Orateurs.   Il y a de ces gens-là, comme vous favez, qui donnant au Public un Ouvrage auquel ils ont travaillé trente ans , encore n'eſt-ce ſouvent qu'une compilation, proteſtent avec ferment , qu'ils l'ont écrit ou dicté en trois jours, pour ſe divertir.   Pour moi, mon grand plaiſir eſt de dire (1) tout ce qui me vient ſur la langue.

Je ne ſuivrai pas ici la méthode triviale de l'Ecole, qui ordonne à un Logicien , & à un Rhéteur, de définir & de diverſer ſon ſujet. Il ne faut pas vous y attendre.   Non , je ne vous donnerai point ma *Définition*; & ma *Diviſion*, encore moins.   Car, raiſonnons un peu : qu'eſt-ce que *définir ?* C'eſt renfermer l'idée d'une choſe dans ſes juſtes bornes.   Qu'eſt-ce que c'eſt que *diviſer?* C'eſt ſéparer une choſe en ſes parties.   Or ni l'un , ni l'autre, ne me conviennent.   Comment me borner, puiſque ma puiſſance eſt auſſi étenduë que le Genre-Humain ? Comment me partager , puiſque généralement tout eſt d'accord pour faire valoir ma Divinité ? Vous voyez donc bien que, & *Définition*, & *Diviſion* ſeroient pour moi d'une mauvaiſe augure.   D'ailleurs, dès que me voici devant vos yeux, dès que vous me voyez telle que je ſuis, de quoi ſerviroit-il de vous peindre mon ombre & mon image , dans une *Définition ?*

Je

____

(1) *C'étoit un Proverbe tiré d'Æſchyle , ancien Grec , & Poëte tragique.*

Je suis, & je vous en fais Juges, je suis cette vraye (1) *Donneuse de biens*, qu'on apelle partout la FOLIE. Mais, qu'étoit-il besoin de le dire? N'ai-je pas le visage parlant? Ne portai-je pas écrit sur le front tout ce que je suis? Si quelqu'un se méprenoit assez grossiérement pour soutenir que je suis Minerve, ou la Sagesse, il n'a qu'à me regarder fixement: il me connoîtra d'abord, & à fond, sans que j'employe les paroles pour faire connoitre ce que je suis. Il n'y a chez-moi, ni fard, ni deguisement: telle je parois, telle je suis dans l'ame; toujours semblable à moi-même. Cela est si vrai, que ceux de mes Sujets qui, sous le masque de la Sagesse, voudroient passer pour sages, ne sauroient me cacher: ce sont des Singes vêtus de pourpre; ce sont des Anes couverts de (2) la peau du Lion; quelque soin qu'ils aportent à se contrefaire, on ne s'y trompe jamais; de quelque endroit qu'on les regarde, une paire d'oreilles éminentes découvre toujours son Midas.

En vérité, cette Race masquée, ces Fourbes, sont coupables d'une lâche &noire ingratitude! Ils sont engagés très avant dans notre Parti, & ils ont honte d'en porter le nom chez le vulgaire: ils vont même plus loin; ils reprochent ce nom aux autres, comme une infamie, & comme un deshonneur. Puisqu'il est donc vrai que, quoique très fous, ils prétendent étre reputés des Sages

---

(1) Donneuse de biens.) *C'est ainsi qu'Homere nommoit souvent ses Dieux.*

(2) *L'Ane de la Fable fut reconnu par ses oreilles.*

B 2

Sages & (3) des Thalès, n'aurons-nous pas
toute la raison poſſible de les apeller des *follement-
ſages?* On a jugé à propos, de nos jours, d'i-
miter ces Rhéteurs qui ſe croyent autant d'A-
pollons, lorsque, comme (2) la Sangſuë, ils
peuvent tirer deux langues ; & qui regardent,
comme quelque choſe d'admirable, de fourer,
de mêler, & ſouvent fort mal à propos, quelques mots Grecs dans leurs Diſcours Latins, qui
deviennent par-là des Oraiſons à la Moſaïque,
ou de marqueterie. Si les Langues ètrangéres
manquent à ces Orateurs, ſi, par exemple, ils
ne ſavent ni Grec ni Hébreu, quelle eſt leur
reſſource, à votre avis ? C'eſt de tirer de quelque
Livre moiſi quatre ou cinq vieux mots, pour
éblouïr le Lecteur. Ceux qui les entendent, s'a-
plaudiſſent de leur ſavoir ; & ceux qui n'y comprennent rien, admirent à proportion de leur
ignorance. Car ce n'eſt pas un de nos moins
agréables plaiſirs à nous autres Fous, de regarder aver le dernier étonnement ce qui vient de
très loin. Que ſi quelques-uns de ceux qui n'entendent point ce vieux Langage, ont l'ambition de vouloir faire accroire qu'ils l'entendent ;
hé bien ! ils n'ont qu'à marquer un air content ;
ils n'ont qu'à aplaudir de la tête, ou même des
oreilles, à l'exemple de l'Ane ; enfin, ils n'ont
qu'à dire d'un ton important, avec un ancien
Valet de Théatre, *Oui, cela eſt comme cela.*

Je

---

(1) Thalès.) *Un des ſept Sages de la Grece.*

(2) Sangſuë.) *Pline dit qu'elle a la langue fourchuë.*

Je me suis détournée , je ne sai comment; les écarts, les digressions ne siédent pas mal à la Folie : je reprens mon chemin. Vous savez donc à présent mon nom, Hommes.... quelle épithète ajouterai-je? Dirai-je Hommes très dignes, Hommes très honorables, Hommes très illustres , Hommes très raisonnables? Tout cela me répugne, & je vous ferois affront. Mais je sai l'épithète que vous méritez , & dont je dois vous honorer : recommençons. Vous savez donc mon nom , Hommes très fous. Que vous ensemble? La Déesse Folie peut-elle parler plus honnêtement à ses Sacrificateurs, à des gens initiés dans ses Mystères? Mais ce n'est pas assez, de savoir mon nom; & comme il y en a peu d'entre vous qui soient instruits de ma naissance & de ma famille, je vais vous en faire l'Histoire, moyennant le secours des Muses (1).

Soyez averti d'avance, que je ne suis fille, ni du Cahos (2), ni de Saturne, ni de Japet, ni d'aucun de ces Dieux de pareille étoffe, usés, décrépits, en un mot vrayes antiquailles. C'est *Plutus*, le Dieu des Richesses, qui est mon pere : *Plutus* qui, n'en déplaise à Hesiode, à Homere, & par consequent au Seigneur Jupiter lui-même, est le Pere des Dieux & des Hommes : *Plutus* qui, *maintenant*, tout comme *jadis*, confond à sa volonté le sacré avec le profane, & met

(1) Des Muses.) *Parce que cette Piéce est une Fiction Poëtique.*

(2) Du Cahos &c.) *C'étoient, selon Hesiode, les plus anciens Dieux, & dont tous les autres étoient descendus*

met l'un & l'autre fans-deffus-deffous : *Plutus*, fous le bon plaifir de qui, la Guerre, la Paix, les Empires, les Confeils, les Tribunaux, les Affemblées publiques, les Mariages, les Traités, les Alliances, les Loix, le plaifant, le ferieux, (oh je n'en puis plus, je perds haleine! abregeons;) fous le bon plaifir de qui toutes les Affaires générales & particulieres des hommes font adminiftrées : *Plutus*, fans l'affiftance duquel tout ce Peuple de Divinités Poëtiques, parlons plus hardiment, (1) les Dieux choifis même, oui les Dieux du premier ordre, ou ne feroient plus du tout, ou du moins feroient chez eux fort maigre chére : enfin, ce *Plutus* dont la colère eft fi redoutable, dont la disgrace eft fi terrible, que (2) Pallas mon ennemie mortelle, toute fage, toute guerriére quelle eft, ne fauroit en garantir les mortels : mais dont au contraire la faveur eft fi puiffante, que celui à qu'il en fait part, pourroit envoyer promener Jupiter & fa foudre.

C'eft d'un tel pere que je me glorifie d'avoir reçu le jour.   Or mon pere m'engendra, non pas de fon cerveau, comme Jupiter engendra cette bourrue & farouche Minerve; Mais de (3) *Neotete*, la Nymphe du monde la plus belle, la plus enjouée, la plus agréable.   Mon pere & ma
mere

---

(1) Les Dieux choifis.)   *La Théologie Payenne admettoit douze grands principaux Dieux.*

(2) Pallas.)   *Déeffe de la Sageffe,* **qui défendit Jupiter** *contre les Géans.*

(3) Neotete.)   *C'eft à dire,* Jeuneffe.

mere n'étoient pas mariés, s'il vous plait : je ne ſuis pas née, comme ce boiteux de Vulcain, fils légitime de Jupiter & de Junon, mari & femme, à leur grand regret. Je ſuis fille du Plaiſir : l'Amour libre a préſidé à ma naiſſance ; & pour parler avec notre Homere, Plutus étoit *dans un accès de tendreſſe amoureuſe.*

Mais, de peur que vous ne preniez le change, quand mon pere me donna l'être, ce n'étoit pas ce Plutus courbé ſous le poids des années, & à qui l'âge avoit déja éteint la vûe, tel qu'eſt le Plutus d'Ariſtophane : mon pere étoit alors dans ſon printems ; exemt de toute infirmité, le ſang d'une ardente & vigoureuſe jeuneſſe lui pétilloit dans les veines. Entre nous, certain ſecours étranger ne nuiſit point à la choſe ; Monſieur mon pere ſortoit par hazard d'une debauche divine, où il avoit fouetté ſon Nectar comme il faut.

Si vous me demandez auſſi le lieu de ma naiſſance, (car aujourd'hui c'eſt, en quelque ſorte, faire preuve de Nobleſſe, que d'aprendre au Public en quel lieu l'on a jetté les premiers cris du berceau) je ne ſuis née ni dans l'Ile mouvante de Delos, comme Apollon ; ni dans le ſein de la Mer orageuſe, comme Venus ; ni dans des Cavernes profondes : mais je ſuis née dans ces bienheureuſes Iles, où la Nature n'a nul beſoin de l'Art. L'incomparable Pays ! Le travail, la maladie, la vieilleſſe, n'y entrent point : on n'y voit jamais dans les champs, ni Mauve, ni Lupin, ni Feve ; loin, loin de-là toutes ces herbes, tous ces légumes, toutes ces racines, qui ne

B 4

ſont

font qu'à l'ufage du petit peuple. Mais au lieu de ces viles & chétives productions, la Terre y raporte tout ce qui peut charmer les yeux, & embaumer l'odorat : (1) Moli, Panacée, Nepenthe, Marjolaine, Ambrofie, Lotus, Rofe, Violette, Hyacinthe; enfin, de quelque côté qu'on fe tourne, on s'imagine être dans le Jardin d'Efculape, ou dans celui de Venus.

Naiffant dans un endroit fi délicieux, vous jugez bien que je ne commençai pas à vivre par pleurer : tant s'en faut ; à peine ma mere fut-elle accouchée de moi, que je me mis à lui rire comme une petite folle. Au refte, je n'envie point à Jupiter l'honneur d'avoir eu une Chèvre pour Nourrice, puisque deux Dames des plus galantes m'ont donné le fein : l'une eft (2) *Methé*, fille de Bacchus; l'autre, (3) *Apædie*, fille de Pan : vous les voyez l'une & l'autre à ma fuite.

Il eft bon auffi que je vous faffe connoitre mes autres Compagnes, & mes Suivantes. Voyez-vous cette Belle au fourcil arrogant & élevé? C'eft *l'Amour propre*. Celle-ci, qui a la complaifance peinte dans les yeux, & qui frappe des mains, c'eft *la Flaterie*. Cette demi endormie, & qu'on diroit qui dort effectivement, s'apelle *l'Oublie*. Celle-là qui s'apuye fur fes deux coudes, les doigts entrelacés, c'eft *la Haine du travail*. Cette autre qui eft couronnée, enchainée

de

---

(1) Moli &c.) *Herbes fabuleufes.*

(2) Methé.) *L'Ivreffe.*

(3) Apædie.) *La Groffiereté*, *Car Pan étoit un ruftre.*

de roſes, ayant tout le corps parfumé, c'eſt *la Volupté.* Ces yeux remuans, & dont les mouvemens paroiſſent convulſifs, c'eſt *l'Egarement d'eſprit.* Cette peau luiſante, cet embonpoint, ce corps ſi bien conditionné, on la nomme *les Délices.* Vous voyez parmi ces Nymphes, deux Dieux; dont l'un qui eſt Comus, inſpire la débauche; & l'autre enſevelit les Buveurs dans un ſommeil presque léthargique.

Secondée & ſervie fidèlement par cette foule de Domeſtiques, ou plûtôt d'Eſclaves, je règne ſur tout, & les Monarques mêmes ſont ſoumis à ma domination. Vous voilà donc inſtruits de mes Parens, de mes Nourrices, & de mon train. Préſentement, afin qu'on ne m'accuſe pas d'uſurper le nom de Déeſſe, je veux vous faire voir combien je ſuis utile aux Dieux & aux Hommes; combien ma puiſſance divine eſt d'une vaſte étenduë: écoutez moi bien.

Quelqu'un a dit de bon ſens, que c'eſt être Dieu, que de contribuer au ſoulagement des Hommes dans leur malheureux paſſage ſur la Terre. Et en effet, c'eſt ſur ce principe-là qu'on a déifié ceux qui ont inventé le Vin, le Froment, & les autres choſes ſemblables qui adouciſſent la vie. Sur ce pied-là, pourquoi ne me donneroit-on pas avec juſtice le premier rang parmi les Dieux? Pourquoi refuſeroit-on de me placer à leur tête, de me nommer leur *Alpha*, moi qui ſeule répands toute ſorte de biens ſur les Hommes.

Premiérement, vous ne diſconviendrez pas, que rien n'eſt plus cher, ni plus précieux, que

la

la vie.　Or, qui a plus de part que moi à la for-
mation, à la conception des Vivans? Ni la Lance de la fiére Pallas, ni (1) l'Egide de Jupiter,
n'influent point fur la propagation humaine.
Bien plus, ce terrible & foudroyant Jupiter
lui qui eft le Pere & le Monarque abfolu des
hommes, lui qui d'un coup d'œil fait trembler le
Ciel, il faut pourtant, le maitre Sire, ne lui en
déplaife, qu'il mette bas tout doucement fa Foudre à trois pointes, & que, quittant cet air affreux par lequel, quand bon lui femble, il fait
tranfir de peur toute la Cour célefte, qu'il defcende
du fommet de fa puiffance, qu'il s'adouciffe, qu'il
fe familiarife, qu'il fe dédivinife en quelque maniére; & quand cela? Je n'oferois presque le
dire: lorsqu'il eft en amour, lorsqu'il veut faire
des *Jupinaux*; envie qui le prend fouvent chez
lui, & ailleurs.　Alors le pauvre Dieu eft obligé
de fe mafquer comme un Arlequin, pour faire
un tout autre perfonnage que celui qu'il fait fur
fon Throne.

Ne prenons que les Stoïciens: ces Philofophes
font les petits Dieux ici-bas, & leur préfomption
va jusques à s'infatuer qu'ils font de tous les
Mortels, ceux qui aprochent le plus de la divinité.　Mais donnez-moi un de ces vénerables
Difciples de Zenon, fut-il mille fois Stoïcien;
s'il ne coupe jamais fa barbe, parce qu'elle eft la
marque, l'ornement effentiel de fa Sageffe, (ornement

____

(1) Egide.) *Bouclier de Jupiter, fait de la peau de fa
mere nourrice, la Chèvre* Amalthée.

nement néanmoins, donc les Boucs font parés auffi bien que lui) il ne laiffera pas de tems en tems, de déhériffer ; de s'humanifer, de mettre à part fa dure & auftere Morale ; enfin, il ne laiffera pas de dire & de faire quelque-fois des fottifes, fur le chapitre de la génération. Et un mot, comme en mille, un homme, de quelque Sageffe qu'il faffe profeffion, veut-il devenir pere ? c'eft moi, oui c'eft moi qu'il doit apeller à fon fecours.

Mais pourquoi ne pas dire tout ? Auffi bien ç'eft ma maniére de parler librement. Dites-moi, je vous prie, à quel inftrument eft attachée la vertu de produire les Dieux & les Hommes ? Eft-ce à la tête, au vifage, à la poitrine, à la main, à l'oreille, tous fort honnêtes perfonnes de membres, & auxquels on ne peut rien reprocher ? Si je ne me trompe, ce ne font point là les outils de la Propagation. Quel eft donc le *Producteur*, le *Multiplicateur* du Genre Humain ? Une certaine partie qui ne fe nomme point, & qui eft fi folle, fi ridicule, qu'on ne fauroit la nommer fans rire. C'eft là cette Fontaine facrée, où les Dieux & les Hommes puifent la vie.

O ça maintenant, quel homme voudroit abandonner fa bouche au licou du mariage, fi, comme les vrais Philofophes font ordinairement, il avoit bien réflèchi auparavant fur les chagrins de cette condition-là ? Quelle femme voudroit jamais fe foumettre au devoir conjugal, fi elle favoit, ou fi elle rapelloit dans fon efprit les douleurs périlleufes de l'accouchement, la peine

de nourrir, d'élever, &c. ? Si donc vous devez
la vie au mariage, & le mariage à cette alienation
de bon fens, qui eft une de mes fervantes, jugez
combien vous m'êtes redevables. De plus, une
femme qui a paffé une fois par les épines de ce lien
indiffoluble, & qui a la hardieffe d'y rentrer, cela
ne fe fait-il pas à la faveur de la Nymphe *Oubli*,
ma chere Compagne ? Soit dit en dépit du Poëte
(1) Lucrece, Venus elle-même n'oferoit nier, que,
fans notre puiffance & notre protection, fa force
& fa vertu languiroient.

C'eft donc de cet aimable jeu, où je fais entrer les Ris, les Plaifirs, l'Yvreffe amoureufe,
que font fortis les Philofophes orgueilleux, à
qui ces Hommes *Angelifés,* que le vulgaire appelle
M O I N E S, ont heureufement fuccedé. De-là
font venus les Princes & les Rois, les Evêques
& les Cardinaux; & même, qui le croiroit ?
les PAPES, trois fois Saints Peres : enfin, c'eft
de-là qu'eft auffi fortie cette foule de Divinités
poëtiques, foule fi grande, qu'à peine le Ciel
peut les contenir; & fi le Ciel eft pourtant un
lieu très vafte. Mais c'eft peu, qu'on tienne de
moi la fource & la pépiniere de la vie, fi je ne fais
voir auffi, que généralement tous les avantages
qui s'y trouvent, partent de ma liberalité.

Qu'eft-ce que cette vie-ci, fans les Plaifirs
voluptueux ? Mérite-t-elle le nom de vie ? Oh !
oh ! vous frapez des mains ? Je favois bien qu'il
n'y

---

(1) Lucrece.) *Il reconnoit Venus pour le principe de
toute génération.*

n'y a ici perſonne qui ſoit aſſez ſage, pour être de ce ſentiment là : Vous êtes tous trop bons fous, (je me broüille comme une folle, & je ne ſai ce que je dis) vous êtes tous trop ſages ; car chez-moi *Folie* c'eſt *Sageſſe*. Croyez-moi, ces *Barbons* même de Stoïciens ne mépriſent pas la Volupté. Ils l'outragent, ils la déchirent en public : mais ces diſſimulés ont leur but en cela ; & ils ne font tant de peur du plaiſir, (1) qu'afin d'en avoir meilleur part. Mais quand ces Hy- pocrites, quand ces Comédiens déclameroient de bonne foi, qu'ils me diſent de par Jupiter, qu'ils me diſent s'il y a un jour dans la vie qui ne ſoit pas triſte, déſagreable, ennuyeux, dé- goutant, facheux, à moins que je ne m'en méle, & que je ne l'aſſaiſonne de quelque plaiſir? J'en prens à témoin irrécuſable ce Sophocle, qu'on ne ſauroit aſſez loüer. Ah ! qu'il me rend juſtice, lorſqu'il dit à mon honneur & gloire, (2) *Il eſt très doux de vivre, mais point de Sageſſe, elle gâte la vie !* Montrons cela en détail.

Perſonne n'ignore, que le premier âge de l'Homme eſt le plus gai, & le plus agréable. Mais qu'eſt-ce qui rend les enfans ſi aimables? Pourquoi les baiſons-nous, les embraſſons-nous, les chériſſons-nous? Un ennemi même s'attendrit pour ces petits innocens, & les aſſiſte dans le beſoin

---

(1) *Alluſion* à Philoxene, *qui ſe mouchoit dans un bon mets, pour le manger tout ſeul.*

(2) *Horace fait mention d'un homme qui ſe fâchoit con- tre ſes amis, de ce qu'ils l'avoient guéri de ſa folie.*

foin. Encore un coup, d'où vient cela? C'eft que la Nature, qui eft une fage Ouvriere, a imprimé tout exprès dans les Enfans un charme, un attrait de Folie, afin que par-là, comme par une efpèce de récompenfe, ils puiffent adoucir les peines de ceux qui les élèvent, & mériter, par leurs petites careffes, la protection qu'on leur donne enfuite. Cette premiere jeuneffe qui fuccede à l'enfance, on l'aime, on fe fait un plaifir de lui ètre utile, de l'avancer, de la fecourir. Et de qui reçoit-elle fon agrément, cette adolefcence? de qui, fi non de moi, qui lui fait la grace d'ètre folatre, & par conféquent de plaire & de divertir? Je veux bien paffer pour une menteufe, fi, dès que les jeunes gens commencent à devenir hommes, dès que, par les inftructions, par l'ufage du monde, ils entrent dans ce malheureux chemin de Sageffe, ils ne changent du blanc au noir. Alors leur beauté fe flétrit, leur gayeté s'apefantit, ils n'ont plus cette mème gentilleffe; enfin, le feu de leur vivacité s'amortit.

Car voyez-vous, Meffieurs, plus l'homme s'éloigne de moi, moins il joüit de la vie; & il fait ainfi fa route, jufqu'à ce qu'il arrive à cette fâcheufe & chagrine Vieilleffe, qui le rend à charge aux autres & à lui-mème. Puisque je fuis tombée fur la Vieilleffe, il ne vous déplaira pas que je m'y arrète un peu. Sans moi, que les miferables hommes feroient à plaindre à la fin de leur carriére! Mais j'ai pitié d'eux, & je leur tends la main. Les Dieux des Poëtes ont fouvent la charité de fecourrir, par le beau fecret de la métamorphofe, ceux qui périffent: c'eft ainfi

qu'ils

qu'ils transformérent Phaëton en Cygne, Alcion en Oiſeau, & tant d'autres. Je les imite en quelque ſorte ces bonnes Divinités. Lorſqu'une vieilleſſe décrépite a conduit les hommes ſur le bord du tombeau, je les fais, autant que cela ſe peut, rentrer en enfance. De-là vient le Proverbe, *Les Vieillards ſont deux fois Enfans,*

Vous me demanderez, ſans doute, comment je fais cela? Le voici. Je mène ces tètes caduques à notre Lethé, (Car, par parenthèſe, vous ſaurez que ce Fleuve prend ſa ſource dans les Iles Fortunées, & que ce n'en eſt qu'un petit Ruiſſeau qui coule dans les Enfers:) je fais boire à long traits à mes bonnes gens, de cette eau d'oubli; & par-là, leurs ſoins ſe diſſipant inſenſiblement, ils rajeuniſſent. Mais, dit-on, ils extravaguent, ils radotent déja. D'accord; & n'eſt ce pas juſtement cela qu'on doit apeller rajeunir? Etre Enfant, n'eſt-ce pas dire & faire des ſottiſes? Que croyez-vous qui nous plaiſe le plus, dans les Enfans: C'eſt qu'ils n'ont point de jugement. Un Enfant qui parleroit, qui agiroit en Homme mûr, ce ſeroit un petit Monſtre; on ne pourroit s'empêcher de le haïr, d'en avoir une eſpèce d'horreur. *Je hais un Enfant trop ſage;* il y a bien des ſiécles que ce Proverbe eſt établi. De mème, qui pourroit ſoutenir un commerce de familiarité avec un Vieillard, qui joindroit à une longue expérience toute la vigueur de l'eſprit, toute la force du diſcernement?

C'eſt donc, par un effet de ma bonté, que le Vieillard radote, & il m'a l'obligation d'être délivré de tous ces ſoins facheux qui tourmentent &

qui

qui rongent le Sage. Cependant, mon Radoteur n'eſt pas désagréable en compagnie ; il boit *gaillardement* le petit coup. Je le crois bien, vraiment : il ne ſent point cet ennui, ce dégoût de la vie, que l'âge le plus robuſte peut à peine ſuporter. Il revient même quelque fois juſques à raprendre les trois lettres de ce fou de Vieillard dont pârle Plaute, A M O. *j'aime.* Or, pour peu qu'il fût ſage, n'eſt-il pas vrai qu'il ſe trouveroit fort malheureux ? Mais, par un effet de ma bonté, libre de tout chagrin, de toute inquiétude, il divertit ſes amis, il eſt agréable dans la converſation. Ne voyons-nous pas chez Homere, le vieux Neſtor parler *plus doux que miel,* pendant que le féroce Achille s'évapore en emportemens ? & chez le même Poëte, certains Vieillards, aſſis ſur les murailles, dire de jolies bagatelles ? A ſuivre ce raiſonnement, le bonheur de la Vieilleſſe ſurpaſſe même celui de l'Enfance. Les Enfans ſont heureux, il eſt vrai : mais ils n'ont pas le plaiſir de cauſer, de babiller comme les Vieillards, ce qui eſt une des grandes douceurs de la vie. Autre preuve de ma comparaiſon ; c'eſt que les Vieillards & les Enfans ont une inclination réciproque & ſe plaiſent beaucoup les uns avec les autres.

En effet, ces deux âges ont beaucoup de raport : je n'y trouve qu'une difference ; c'eſt que le Vieillard, avec les plis & replis de ſa face, avec ſes rides, vous enfile une longue ſuite de générations. Pour le reſte, la blancheur des cheveux, le manque de dents, la maniere de laiſſer aller ſon corps, l'apétit du lait, le bégayement, le caquet,

la

la fottife, l'oubli, l'indifcretion, en un mot, tout fe reffemble dans ces deux âges; & plus un homme avance dans la Vieilleffe; plus il fe raproche de l'enfance: jufqu'à ce qu'il forte de ce Monde, comme les enfans, fans regretter la vie, & fans craindre la mort.

Me juge à préfent qui voudra: qu'on mette dans la balance d'un côté ce bon office que je rends aux hommes; & de l'autre les metamorphofes dont les autres Dieux favorifent les Mortels. Je n'ai pas envie de raporter ici les horribles effets de leur colère; je ne parle que de leur bonté. Quelle grace font-ils aux Mourans, qu'ils veulent bien honorer de leur faveur & de leur protection? Ils changent l'un en Arbre, l'autre en Oifeau, celui-là en Cigale, celui-ci en Serpent: grand effort de bienveillance! Comme fi paffer d'un être à un autre être, ce n'étoit pas proprement périr. Pour moi, je fais rentrer l'homme dans le meilleur & dans le plus heureux âge de la vie. Si les hommes, s'abftenant de tout commerce avec la Sageffe, vouloient ne vivre que fous mes Loix, la hideufe Vieilleffe leur feroit inconnue, ils auroient le bonheur d'être toujours jeunes.

Regardez moi ces mines fombres, ces vifages abattus & décharnés, qui s'enfoncent dans la contemplation de la Nature, ou dans d'autres occupations ferieufes & difficiles: ces gens-là femblent ordinairement avoir vieilli avant la fin de la jeuneffe; & cela, parce qu'un travail de tête affidu, pénible, violent, profond, épuife peu à peu les efprits, & le fuc de la vie. De

C

l'autre

l'autre côté, confiderez attentivement mes fidèles Sujets : voyez comment ils font dodus, gras, frais, luifans, bien nourris ; vous diriez des (1) *Pourceaux Accananiens.* Affurement, ces heureux Mortels ne fentiroient jamais les infirmités de la Vieilleffe, s'ils ne participoient un peu à la contagion des Sages. Cela n'arrive que trop : mais que faire ? l'homme n'eft pas né pour jouïr ici-bas d'une félicité parfaite.

J'ai encore pour moi le témoignage d'un Proverbe fameux, qui dit, que la FOLIE peut retarder la fuite de la Jeuneffe, toute rapide qu'elle eft ; & faire reculer de bien loin la facheufe Vieilleffe. Sur ce pied-là, ce qu'on dit communément des Brabançons, n'eft pas fans fondement. Au lieu que chez les autres hommes, l'age aporte la prudence ; plus ceux-ci aprochent de la Vieilleffe, plus ils font gais ; & on peut dire qu'il n'y a point de Nation, ni meilléure, ni plus agréable pour le commerce de la vie, ni qui fuccombe moins fous les poids des années. Joignons aux Brabançons ces Peuples qui vivent fous le même Climat & qui ont à peu prés les mêmes manieres : ce font mes (2) Hollandois. Je puis bien me vanter qu'ils m'apartiennent : ils ont pour moi tant d'attachement,

---

(1) Pourceaux Accananiens.) *Manger excellent.*

(2) Hollandois.) *On les apelle ici fous en badinant, à caufe de leur fincèrité, de leurs manières fimples & naturelles.*

ment, tant de zèle, qu'on les a jugés dignes d'u-
ne Epithète dérivée de mon nom ; & bien loin
d'en rougir, ils en font leur principale gloire.

Après cela, que les fots & les impertinens Mortels invoquent Medée, Circé, Venus, l'Auro-
re ; qu'ils cherchent je ne fai quelle Fontaine qui a
la vertu de rajeunir, vertu qui n'a été donnée qu'à
moi, & dont je fais tous les jours un ufage obli-
geant. Je poffede ce fuc merveilleux, avec lequel
la fille de Memnon prolongea la jeuneffe de Tithon fon Ayeul, Je fuis cette Venus qui rendit
Phaon, de vieux qu'il étoit, un jeune homme, fi
joli, fi galant, que la fameufe Sapho en devint
éperdûment amoureufe. A moi les Herbes magiques, & les Enchantemens, s'il y en a : à moi cette Fontaine, qui non-feulement rapelle une Jeuneffe paffée ; mais, ce qui vaut incomparablement mieux, qui la rend durable autant que
la vie. Si donc vous convenez tous de ce point-
ci, qu'il n'y a rien de plus aimable que la Jeuneffe,
ni de plus haïffable que la Vieilleffe, j'ai fujet de
conclure, que vous reconnoiffez, Meffieurs, combien vous m'étes redevables ; à moi, dis je, qui,
pour vous rendre heureux, fai retenir un fi grand
bien, fai repouffer un fi grand mal.

Mais je m'arrète trop aux Hommes ; laif-
fons-là ces machines vivantes & mortelles, bizarres & contradictoires. Parcourez tout le
Ciel, faites paffer toutes les Divinités en revuë : je confens qu'on me reproche le beau
nom que j'ai l'honneur de porter, s'il fe trouve quelque Dieu qui ne m'ait pas l'obligation
de ce qu'il vaut. Pourquoi, je vous prie, Bac-

chus

chus a-t-il toujours le visage & la longue chevelure d'un jeune homme ? C'est que, passant
toute sa vie dans la débauche & dans la joïe,
il n'a nulle liaison avec Pallas, laissant cette
prude pour ce qu'elle est.   Enfin, tant s'en
faut que ce gros *Réjoui* ambitionne le nom de
Sage ; qu'au contraire, il prend plaisir, dans son
Culte, aux extravagances & aux folies de ses
Dévots.   Il ne s'offense point du surnom de
RIDICULE que le Proverbe lui donne, surnom
qu'il a mérité, parce qu'étant assis devant la
porte du temple, les Laboureurs se divertis-
soient à le *barbouiller* de vin doux, & de fi-
gues nouvelles, ce qui le faisoit rire de tout
son cœur.   Mais, dira-t-on, quels traits de satire (1) l'ancienne Comédie n'a-t-elle point lan-
cé contre votre cher Bacchus ? Le sot, l'impertinent Dieu ! s'écrioient-ils : il étoit indigne de
naitre par la voïe ordinaire.   (2) Mais ça, de
bonne foi, qui de vous n'aimeroit pas mieux
être un fat & un sot, toujours agreable, toujours
jeune, toujours divertissant ; que d'être ce dis-
simulé Jupiter, qui fait peur à tout le monde ;
ou ce vieux radoteur de Pan, qui se plait à faire du
bruit pour inspirer des terreurs paniques ; ou ce
boiteux, ce Cocu de Vulcain, qui est tout enfu-
mé de sa forge ; ou Pallas même, qui, outre
qu'elle

---

(1) L'ancienne Comédie, &c.) *Elle étoit satirique
jusqu'à nommer les gens, ce qui obligea les Magistrats
à la défendre.*

(2) *On donnoit deux naissances à Bacchus ; l'une de
sa mere ; l'autre de la cuisse de Jupiter.*

qu'elle fait trembler avec sa tète de Meduse & sa Lance, ne vous regarde jamais que de travers?

Venons à d'autres Divinités. Comment Cupidon fait-il, quel secret a-t-il pour ne point sortir de l'enfance? C'est que, se moquant du sérieux & du solide, il s'en tient uniquement au badinage. Et Madame Venus *au blond ardent*, pourquoi sa beauté reverdit-elle toujours? C'est que nous sommes parentes de près; aussi brille-t-elle comme Plutus mon pere, qui est de couleur d'Or. De plus, s'il en faut croire les Poëtes, ou les Statuaires leurs rivaux, cette Déesse des Amours ne paroit jamais qu'avec un air riant & bien contente. Flore, qui est la mere des délices, n'étoit-elle pas aussi un des premiers objets de la Religion des Romains?

Laissons-là les Divinités amies de la joye. Voulez-vous savoir la vie des Dieux bourrus & chagrins? Demandez à Homere, & aux autres Poëtes, ils vous aprendront de jolies choses là-dessus; ils vous feront voir, que les Dieux sont pour le moins aussi fous que les Hommes. Jupiter serre sa Foudre, il abandonne le timon de l'Univers, & se dérobbe du Ciel, pour aller courir la Grisette: je n'avance rien, dont vous ne soyez instruits. La fiere & inabordable Diane oublie son sexe, & perd tout son tems à la chasse: elle n'en est pourtant pas moins folle de son bel Endimion; jusques-là, qu'en qualité de Lune, elle prend bien la peine de descendre tout exprès de son Ciel pour venir lui offrir ses faveurs. J'aimerois mieux que ce fût

(1) Momus, qui les fit fouvenir de leurs *fre-daines*. Il le faifoit autrefois fort fouvent : mais les Dieux, qui n'ont pas l'ame endurante, fe trouvant fatigués de fes remontrances, & ne pouvant plus fouffrir qu'il troublat leur félicité par fa fageffe, le firent fauter du Ciel en Terre, de compagnie avec (2) *Até*. Ce Pauvre Exilé ne fait que roder, & couche déhors ; perfonne n'en veut chez foi, il n'y a hofpitalité qui tienne. A plus forte raifon, n'eft-il pas admis chez les Princes ; car la Flaterie, ma Suivante, règne dans toutes les Cours : or c'eft fon ennemie irréconciliable ; ils s'accordent comme le Loup & l'Agneau.

Les Dieux donc s'étant délivrés de la cenfure importune de Momus, & n'ayant point d'autre Immortel fatirique, s'en donnérent au cœur joie. Combien Priape ne dit-il pas de ces mots envelopés, qui faliffent une chafte imagination ? Combien Mercure fait-il rire par fes larcins, & par fes preftiges ? Il n'y a pas jufqu'à (3) Vulcain qui ne s'en mêle à la table divine : il marche pour faire voir fa belle allure, il plaifante, il bouffon ; enfin, il fait de fon mieux pour animer la débauche, & pour mettre la Compagnie en belle humeur. Que dirai-je de Silêne,

ce

---

(1) Momus.) *Non le Railleur, mais le Recenfeur.*

(2) Até.) *Signifie Querelle.*

(3) Vulcain.) *Homere dit qu'il fert à table dans les feftins, qu'il fait rire les Dieux par fa démarche boiteufe, qu'il donne à boire à fa mere, & qu'il dit de bons mots pour la raccommoder avec Jupiter fon mari.*

ce vieux fou amoureux , qui se fait un plaisir de danser à une cadence rustique , avec Polypheme, & avec les Nymphes ? de ces Satires demi-boucs qui, dans leurs danses, font cent postures obscenes ? Pan avec ses fades & insipides Chansons fait rire ces Dieux : ils écoutent de toutes leurs oreilles; & ils aiment cent foix mieux la musique de Pan , que celle des Muses , sur-tout lorsque le Nectar leur fume dans la tète. A propos de Nectar, c'est un plaisir de voir nos Seigneurs & Maitres les Dieux , lorsqu'ils ont poussé la joïe d'un festin jusques aux rasades ; ils disent & ils font alors tant d'impertinences , que, quoiqu'à titre de *folle* , je sois accoutumée à toutes les sottises , je ne saurois m'empêcher d'en rire. Mais il vaut mieux mettre ici le doigt sur la bouche : quelque Dieu défiant & soupçonneux pourroit nous écouter ; & en ce cas-là , je craindrois pour moi le sort de Momus.

Il est tems que je revienne sur la Terre : j'imite en cela le bon Homere , qui ne fait que monter la haut , & descendre ici-bas ; il est tems , dis-je , de vous montrer en détail , que les hommes n'ont de bonheur & de plaisir, qu'autant que je leur en fais.

Premierement , vous voyez avec quelle prévoyance la Nature, cette Mere, cette Ouvriere du Genre-Humain a eu soin de répandre par-tout le sel & l'assaisonnement de la Folie. Suivant la définition des Stoïciens , être sage , c'est se conduire par Raison; & au contraire , être fou, c'est se laisser emporter au gré des Passions. Or, de peur que la vie de l'homme ne fût triste &

saufauvage, combien Jupiter a-t-il donné plus de Paſſions que de Raiſon ? Cela ſe monte tout au moins à vingt-quatre fois plus. Outre cela, il a relegué cette (1) Raiſon dans un coin de la tête, abandonnant tout le reſte du corps au déſordre & à la confuſion. Non content de cela, Jupiter a mis en tête à la Raiſon, qui eſt ſeule, deux terribles Ennemies : l'une, la colère, qui domine dans le cœur, dans cette Fortereſſe des entrailles, dans cette ſource de la vie : l'autre, la Convoitiſe, qui etend ſon vaſte Empire depuis la plus tendre jeuneſſe, juſqu'à l'age le plus décrépit. Ce que la Raiſon peut contre ces deux Tyrans, on le voit aſſez par la conduite ordinaire des hommes. Elle preſcrit les devoirs de l'honnêteté, elle crie contre le vice juſqu'à s'enrouer ; voilà juſqu'où s'étend ſon pouvoir. Mais ils ſe mocquent de leur Reine ; ils crient encore plus fort & plus aigrement qu'elle ; en ſorte que cette pauvre Princeſſe, n'en pouvant plus, eſt obligée de ceder & de conſentir à tout.

Au reſte, parce que l'homme eſt né pour le maniement, pour l'adminiſtration des affaires, & qu'à cauſe de cela, il étoit juſte d'augmenter un peu ſa petite portion de Raiſon ; Jupiter, voulant prévenir de ſon mieux cet inconvénient, me conſulta là-deſſus, comme ſur tout le reſte. Je lui donnai un conſeil digne de moi : Seigneur

---

(1) Raiſon.) *Platon la met dans le cerveau, la Colère dans le cœur, & la Convoitiſe dans les parties inférieures.*

Seigneur, lui dis-je, donnez Femme à l'Homme. La femme eſt un ſot & impertinent Animal, cela eſt vrai : mais elle eſt naturellement douce, agréable, engageante ; & vivant en communauté domeſtique avec ſon Mari, elle aſſaiſonnera, elle adoucira par ſes maniéres folâtres le chagrin de l'eſprit viril.

Quand Platon a ſemblé douter, s'il mettroit la Femme dans le genre des animaux raiſonnables, ou dans celui des brutes, il ne vouloit pas dire que la Femme n'eſt qu'une bête ; il prétendoit ſeulement déſigner par là la grande folie de cet aimable Animal. En effet, il eſt ſi eſſentiel à la Femme d'être folle, que celle qui veut paſſer pour ſage, ne fait que doubler ſa folie ; à peu près, comme qui voudroit oindre un bœuf malgré lui, de la même mixtion dont on frottoit les Athlètes. Quiconque allant contre la Nature, employe le fard de la Vertu, & tâche de détourner ſon penchant, croyez-moi, il multiplie ſes vices, il double ſes défauts. Rien de plus conforme à l'expérience que l'ancien Proverbe : *Le Singe fût il vêtu de pourpre, eſt toujours Singe.* De même la Femme a beau ſe maſquer, elle n'en eſt pas moins Femme, c'eſt à dire folle.

Je ne crois pas que le beau Sexe prenne aſſez mal les choſes, pour ſe fâcher de ce que je dis-là : étant moi-même une Dame de qualité divine, & la Folie, il me ſemble que je ne ſaurois faire plus d'honneur aux Femmes, que de les aſſocier à ma gloire ; & ſi elles veulent peſer les choſes à la balance de l'équité, elles me tiendront compte de

C 5

les

les avoir renduës beaucoup plus heureuſes que les Hommes.

Les Femmes ont l'agrément de la beauté, qu'elles ont raiſon de préferer à tout, & par les attraits de laquelle elles tyranniſent même les plus barbares Tyrans. Un homme a ſouvent dans les yeux quelque choſe d'effrayant, cette peau veluë, cette forèt de barbe; marques prématurées de vieilleſſe, qu'il porte à la fleur de l'âge. D'où vient cela? De la prudence. Au contraire, les Femmes ont les joües unies, la voix toujours grêle, la peau délicate; on diroit que toute leur vie n'eſt qu'une imitation continuelle de la jeuneſſe. Auſſi les Femmes ne s'étudient-elles à rien tant, qu'à plaire aux Hommes. N'eſt ce pas-là l'unique but des parures, du fard, du bain, de la friſure, des eſſences, des ſenteurs, & de tant d'autres artifices qu'on met en œuvre pour faire valoir la beauté? Voulez-vous voir plus clairement, que c'eſt la Folie qui fait l'aſcendant des Femmes ſur les Hommes? Les Hommes accordent tout aux Femmes, dans la vûë de la volupté; & par conſequent, les Femmes ne réjoüiſſent les Hommes que par la Folie. On ne peut nier cette conſéquence, pour peu qu'on réfléchiſſe ſur les ſottiſes, ſur les badineries qu'un Homme fait avec une Femme, toutes les fois qu'il veut éteindre ſa flame amoureuſe.

Je vous ai donc découvert la ſource du plus grand plaiſir de la vie. Je conviens que certaines gens, principalement ces Vieillards plus buveurs que galans, mettent la ſouveraine volupté
dans

dans la bouteille. Savoir, fi on peut faire un bon repas fans Femme, c'eft une queftion que je laiffe indécife : mais je pofe en fait, que tout repas languit, s'il n'eft aimé de la Folie. Cela eft fi vrai, que fi aucun des Convives n'eft fou, ou de moins ne fait femblant de l'être ; on fait venir un Bouffon pour de l'argent, ou quelque Parafite affamé, qui, par fes bons mots, & par fes railleries piquantes, banniffe de la table le filence & la mélancolie. On a grande raifon en cela ; car c'eft bien peu de chofe, de fe remplir l'eftomac de viandes exquifes, fi on ne nourrit auffi de jeux, de ris, de faillies plaifantes, les yeux, les oreilles, l'efprit & le cœur. Or, c'eft moi feule qui ai inventé ces délices. Tous les autres agrémens du feftin, comme tirer au fort à qui fera le Roi du repas, joüer au dez, boire à la ronde dans le même verre, chanter tour à tour la branche (1) de Myrthe à la main, danfer, fauter, faire des poftures, font-ce les fept Sages de la Grece qui ont trouvé ces plaifirs ? Non fans doute ; il n'y avoit que moi qui pût s'en avifer, & je l'ai fait pour la confervation du Genre-humain. Toutes chofes font d'une telle nature, que plus elles renferment de folie, plus elles contribuent à faire vivre les hommes. Sans la joye,

la

____

(1) De Myrthe.) *Chez les Anciens, celui qui commençoit à chanter à table, prenoit une branche de cet arbriffeau ; puis ayant fini fa chanfon, il donnoit la branche à fon voifin, qui faifoit de même ; & ainfi jufqu'au dernier convive.*

la vie humaine ne mérite pas le nom de vie ;
& il faut nécessairement que vous paſſiez vos
jours dans le chagrin, ſi vous ne diſſipez pas,
par cette ſorte de plaiſirs, cet ennui, qui eſt
comme né avec vous.

Il ſe trouvera peut être des gens qui, comptant
pour rien la volupté des ſens, mettent tout leur
bonheur à avoir de vrais Amis ; répétant ſouvent, que la douceur d'une tendre & fidéle Amitié ſurpaſſe tous les autres plaiſirs, & qu'elle n'eſt
pas moins néceſſaire à la vie, que l'air, le feu
& l'au. L'amitié, ajoutent-ils, eſt ſi agréable,
que, qui voudroit l'ôter du Monde, c'eſt comme
s'il vouloit en ôter le Soleil ; elle eſt ſi honnête,
(terme qui ne ſignifie rien chez moi) que les
Philoſophes eux-mêmes ne craignoient pas de la
compter entre les biens principaux. Que dira-t-
on ſi je montre que je ſuis la ſource & l'auteur de
ce bien dont on fait tant de cas ? Je veux pourtant vous le prouver, non par des ſophiſmes, ni
par des argumens captieux de Logique, mais
groſſierement & clairement.

Or-ſus, voyons. Diſſimuler, s'abuſer, s'a-
veugler ſur les défauts de ſes Amis, aimer même,
& admirer de grands vices, comme ſi c'étoient
des vertus, cela n'aproche-t-il pas de la folie ?
Cet homme qui baiſe une tache que ſon Amie a
aportée au monde, ou qui prend plaiſir à la
mauvaiſe odeur de ſon nez ; ce Pere qui, ayant
un Fils louche, prétend que ſon Fils a les yeux
de

de Venus ; n'eſt-ce pas une pure folie? Confeſ-
ſez hautement, que ç-en eſt une. Et moi j'a-
joute, que c'eſt uniquement cette folie qui forme & qui entretient l'Amitié. Je ne parle ici
que des hommes, dont pas un ne vient au Monde
ſans défauts; l'homme qui paſſe pour le meilleur,
n'étant au fond que le moins vicieux. Car pour
ces Sages qui ſe vantent de ſe diviniſer par leur
Philoſophie, ou ils ne s'uniſſent jamais du lien
de l'Amitié, ou cette Amitié eſt une je ne ſai
quelle union déſagréable & bourruë: encore ne
font-ils liaiſon de cœur qu'avec très peu de gens.
Je me ferois un ſcrupule de dire qu'ils n'aiment
abſolument perſonne; en voici la raiſon: presque tous les hommes ſont fous; à quoi bon ce
presque? Il n'y a pas un ſeul homme qui n'ex-
travague de plus d'une maniere: ils ſont donc
tous ſemblables en ce point-là; or la reſſemblance
eſt le fondement d'une étroite Amitié.

Si quelque fois ces auſtères Philoſophes s'attachent les uns aux autres par une bienveillance
réciproque, cette liaiſon eſt bien fragile, & ne
dure pas long-tems. Ils ſont d'une humeur bizarre & difficile;. trop pénétrans d'ailleurs, &
ayant des yeux d'aigle pour les défauts de leurs
Amis, & la vûë fort mauvaiſe pour ſe connoitre
eux-mêmes: il n'y a pas de gens à qui la Fable
de la Beſace convienne mieux. Puisqu'il eſt
donc certain que tous les hommes ſont naturellement ſujets à de grandes imperfections, ſi vous
joignez à cela la différence d'age & de penchant,
tant d'égaremens, tant de faux pas, tant de re-
vers dans cette vie mortelle; comment le plaiſir

de

de l'Amitié pourroit-il subsister une heure entre ces Argus, si la folie, ou la complaisance, comme on voudra l'apeller, ne s'en mèloit? Jugez de l'Amitié par l'Amour; c'est à peuprès la même chose. Cupidon, cet auteur, ce pere de toute Tendresse n'a-t-il pas sur les yeux un bandeau qui lui fait prendre la laideur pour la beauté? N'est-ce pas lui qui fait que chacun est content des siens, & que le Vieillard est aussi épris de sa Vieille; que le jeune Garçon de la jeune Fille? Cela se fait par-tout, & on s'en moque: mais c'est pourtant ce ridicule qui est un des plus grands nœuds de la Societé, & qui contribuë le plus à son agrément.

Ce que nous venons de dire de l'Amitié, pensons-le, disons-le à plus forte raison du Mariage. C'est, comme vous ne savez peut-être que trop, un engagement qui ne doit se rompre que par la mort. Dieux immortels! combien arriveroit-il dans cette condition-là de séparations, (1) & pis encore, si l'union de l'homme avec la femme n'étoit soutenuë, n'étoit fomentée par la flaterie, par le divertissement, par la complaisance, par les détours, par la dissimulation, tous gens de mon escorte, & de ma suite? Ah! qu'il se feroit peu de mariages, si l'Amant avoit la prudence de bien s'informer du jeu que sa petite Maitresse, qui paroit si délicate, si honteuse, si neuve, a joüé avant les nôces! Pour les mariages déja contractés, ce seroit bien pis encore.

Que

---

(1) *Et pis encore.*) *Comme les empoisonnemens, &* *les homicides.*

Que de séparations, si la négligence ou la bêtise des Maris ne les aveugloit sur la vie secrette de leurs Epouses. On traite cela de folie, & on a raison; mais c'est pourtant cette même folie, par le pouvoir de laquelle la Femme plait au Mari, le Mari plait à la Femme, la maison est tranquille, l'alliance se maintient. *On fait les cornes* à un Mari; on le nomme *cocu*, commode, & je ne sai quel sobriquet on ne lui donne pas hors de chez lui; pendant que le bon-homme console sa chere moitié, & avale par ses tendres baisers les larmes de sa femme adultère. Cela ne vaut-il pas beaucoup mieux, que de se consumer de chagrin, que de causer du vacarme & du tintamarre en s'abandonnant à la jalousie? Conclusion: sans moi nulle societé, nulle union ne sauroit être ni agréable, ni ferme, dans la vie; si bien que le Peuple ne suporteroit pas long-tems son Prince; le Maitre son Valet; la Dame sa Suivante; le Précepteur son Eléve; l'Ami son Ami; le Mari sa Femme &c. si tour à tour ils ne se trompoient, ils ne se flatoient, ils ne se cedoient, enfin, si le tout n'étoit assaisonné de quelque grain de folie. Je ne doute point, que tout ce que je vous ai dit jusqu'à présent ne vous ait paru de la derniere importance; car la folie doute-t-elle de rien? Mais vous allez entendre bien autre chose: redoublez votre attention.

Dites-moi, je vous prie, Messieurs: un homme qui se hait lui-même, peut-il aimer quelqu'un? Un homme qui est brouillé avec lui-même, peut-il s'accorder avec un autre? Est-on

propre

propre à inspirer la joye, lorsqu'on succombe sous
le poids du chagrin? Il n'y a qu'un fou, &
plus fou que la Folie même, qui puisse prendre
l'affirmative de cette question. Or si vous me
bannisez, non seulement un homme ne pour-
ra jamais suporter un autre homme : mais de
plus, toutes les fois qu'il s'avisera de réfléchir
sur lui-même, il se fera mal au cœur, il se trouvera sale & puant, il se détestera. La Nature,
qui en quantité de choses est plus marâtre que
mere, a donné aux hommes, principalement
aux plus sensés, une malheureuse impression,
par laquelle chacun est mécontent de ce qu'il a,
& admire ce qu'il n'a point : d'où il arrive que
tous les avantages, tout l'agrément, toute la
beauté de la vie, se gâte; & se reduit à rien.
De quoi servira un beau visage, ce que les
Dieux immortels peuvent donner de plus précieux, s'il est soüillé d'une mauvaise odeur?
Qu'est-ce que la jeunesse, lorsqu'elle se cor-
rompt par le poison de la mélancolie? Enfin,
comment dans toutes les fonctions de la vie
agirez-vous, soit auprès des autres, soit en votre particulier? comment agirez-vous, dis-je,
avec bienséance, (car c'est le principal; non-
seulement de l'artifice, mais aussi de toute action, que ce que l'on fait, soit fait de bonne grace) à moins que *l'Amour - propre*, cette belle
Dame, que vous voyez à ma droite, & que j'ai
raison de chérir comme une sœur, tant elle prend
vivement mes interêts, à moins, dis-je, que cette
Nymphe ne vous prête son secours? Au lieu
que, vivant sous sa protection, vous êtes char-
mé

mé de votre mérite, vous êtes ravi de vos belles qualités ; & dès-là, vous avez le bonheur d'être parvenu à la plus haute Folie. Je le répéte : si vous vous déplaisez à vous-même, vous ne sauriez rien faire de beau, d'agréable, & qui ne péche contre la bienséance. Otez de la vie, la sauce, le ragoût de la sottise ; incontinent l'Orateur languira dans son action ; le Musicien avec ses tons & ses cadances fera pitié, on sifflera le Farceur, & ses postures ; on tournera le Poëte & les Muses en ridicule ; le meilleur Peintre ne s'attirera que du mépris ; le Medecin mourra de faim avec ses remédes : enfin, de (1) Nirée vous deviendrez Thersite ; de (2) Phan, Nestor ; & au lieu qu'on vous estimoit pour votre savoir, pour votre bien-dire, pour votre politesse, vous ne passerez plus que pour une bête, un enfant, un rustre. Tant il est nécessaire que chacun se cajole, se flate, se fasse chez-soi un fonds d'aprobation, avant que d'ambitionner celle des autres. Enfin, le bonheur consiste principalement à s'accommoder à son sort, à vouloir être ce qu'on est : or il n'y a que ma chere Philavtie, que la divine *Amour-propre* qui puisse donner ce trésor. En vertu d'un tel bienfait, chacun est content de sa figure, de son esprit, de sa famille, de son poste, de son genre de vie, de son Pays : l'Irlandois ne voudroit

pas

---

(1) Nirée.) *Homere dit qu'il étoit le plus beau des Grecs qui assiegeoient Troye ; & Thersite le plus laid.*

(2) Phan.) *Rajeuni par Venus : Nestor vecut trois siécles.* D

pas changer avec l'Italien ; le Thrace avec l'Athénien ; le Scythe, ni le Lapon avec un habitant des Isles fortunées. Admirable prévoyance de la Nature ! dans une diverſité infinie elle a ſçu égaler toutes choſes. A-t-elle été avare de ſes dons envers ſes enfans ? En récompenſe, elle leur prodigue *l'Amour-propre.* Que dis-je, de *ſes dons ?* C'eſt parler follement : cet amour de ſoi-même n'eſt-il pas le plus grand de tous les avantages naturels ?

Mais pour vous faire voir que tout ce qu'il y a parmi les hommes d'éclatant, d'illuſtre, d'eſtimé, vient de moi, commençons par la Guerre. On ne ſauroit disconvenir, que ce grand Art ne ſoit la ſource des actions les plus renommées. Ce n'eſt pourtant qu'une folie. Deux Partis ſe battent, Dieu ſait pour quelles raiſons ; & tous les deux reçoivent beaucoup plus de mal que de bien, de leur animoſité : quoi de plus abſurde, quoi de plus fou ? Ceux qui periſſent à la Guerre, on les compte pour rien. De plus, lorsque les Armées ſont en ordre de bataille, & que l'air retentit du bruit des trompettes & des tambours ; dites-moi, je vous prie, quel ſervice peuvent rendre alors ces (1) Sages, qui, épuiſés par l'étude & par la méditation, jouiſſent à peine d'une vie, que leur ſang, dénué d'eſprits & de ſucs nourriciers, rend infirme & languiſſante ? Ce ſont ces

____

(1) Sages.) *Suivant* Ariſtote, *un ſang épais produit la force & la bétiſe ; & le ſang ſubtil produit l'eſprit, la foibleſſe du corps, & la timidité.*

ces hommes épais & matériels, robuftes & hardis, mais de très peu d'efprit, ce font ces gens-là qu'il faut pour le combat. Ne faifoit-il pas beau voir un Demofthene fous le harnois militaire? auffi fuivit-il le fage confeil (1) d'Archilogus: dès qu'il aperçut l'Ennemi, il jetta fon bouclier, & s'enfuit à toute jambe; auffi lâche foldat, qu'il étoit excellent Orateur.

Vous me direz: la Guerre demande une extrème prudence. Oui, dans les Généraux: encore eft-ce une prudence particuliere au métier des armes; & qui n'a rien de commun avec la fageffe philofophique. A cela près, les Parafites, les Maqueraux, les Voleurs, les Meurtriers, les Laboureurs, les Stapides, les Banqueroutiers, & généralement tous ceux qu'on nomme la lie du Genre humain, peuvent s'immortalifer par la valeur; ce qui ne convient nullement aux hommes attachés jour & nuit à la contemplation. Voulez-vous un grand exemple de l'inutilité des Philofophes dans le Monde? C'eft le fameux Socrate. L'Oracle d'Apollon l'avoit déclaré le feul & unique Sage; déclaration très folle! N'importe. Ce Philofophe, ayant entrepris je ne fai quoi pour le bien public, s'attira la moquerie de tous fes fpectateurs, & fut obligé d'abandonner fon deffein. Il n'étoit pas néanmoins tout à fait fot, cet homme-là: il refufa conftamment le furnom de *Sage*, difant, que ce titre

_____

(1) Archilogus.) *Les Lacédémoniens chafsèrent ce Poëte, parce qu'il fe vantoit, comme d'une action de fageffe, d'avoir jetté fon bouclier pour mieux fuïr.*

titre n'eſt dû qu'à la Divinité.   Il eſt auſſi dans le ſentiment, qu'un Philoſophe ne doit jamais ſe mêler du Gouvernement. S'il avoit ajouté que celui qui veut paſſer pour homme, doit s'abſtenir de ce qu'on apelle Sageſſe, j'aurois quelque eſtime pour lui.   Or qu'eſt-ce qui a cauſé la mort à ce prétendu grand Socrate? Pourquoi fut-il condamné par Arrèt, à s'empoiſonner avec de la Cigue? Pur effet de la Sageſſe! Ce Philoſophe paſſe ſa vie à raiſonner (1) ſur les nuages, & ſur les idées; il s'amuſe à meſurer le pied d'une puce, admirer le bourdonnement d'une mouche, & il ignore toute ſa vie l'art néceſſaire de ſe conformer à ſes ſemblables : voilà de nos gens.   Platon, qui avoit été Diſciple de Socrate, voyant ſon Maitre menacé du ſuplice, s'ingére de plaider ſa Cauſe en brave Advocat : il ouvre la bouche pour cette bonne œuvre : mais, étonné du bruit de l'Aſſemblée, il demeura tout court à la moitié de ſa premiere période.   Que dirai-je de Theophraſte, Diſciple d'Ariſtote, & qui mérita le nom de (2) *Theophraſte* par ſon éloquence? Voulant haranguer le Peuple, il ne trouve plus ſa voix; on eût dit *qu'il avoit vû le loup*.   N'étoit-ce pas-là un homme bien propre à encourager le ſoldat? Iſocrate, qui compoſoit tant de beaux diſcours, oſat-il jamais parler en public; Ciceron lui-même,

ce

---

(1) Ariſtophane.) *introduit* Socrate *adorant les nuées comme les Dieux.*

(2) Theophraſte.) *Veut dire un homme doüé d'une éloquence divine.*

ce pere de l'Eloquence Romaine, trembloit & bégayoit, comme un enfant, à l'entrée de ses Oraisons. Il est vrai que Fabius y donne un autre tour, & qu'il soutient, que cette timidité est la marque d'un Orateur penétrant, & qui connoit le péril où il est. Mais quand il dit cela, n'est-ce pas comme s'il tomboit d'accord, que la Philosophie n'est nullement compatible avec les affaires publiques? Comment ces Sages soutiendroient-ils le fer & le feu de la Guerre, eux qui meurent de peur lors qu'il ne s'agit que de combattre avec la langue?

On fait beaucoup valoir cette belle Sentence de Platon: *Les Républiques seroient heureuses, si les Philosophes gouvernoient, ou si les Princes étoient Philosophes.* (1) Tout au contraire. Consultez les Historiens; & sûrement vous trouverez, qu'il n'y a point eu de Princes plus pernicieux à la République, que ceux qui ont aimé la Philosophie & les Belles-Lettres. Mettons les deux Catons à la tête des principaux d'un Gouvernement: (2) l'un troubla la tranquillité de Rome par des folles & furieuses dénonciations; (3) l'autre, pour vouloir

---

(1) Tout au contraire, &c.) *C'est la Folie qui parle, & non pas Erasme.*

(2) L'un troubla, &c.) *Caton le Censeur, qui fut accusé quarante fois, & toujours absous, au lieu qu'il fut auteur de plus de 70. Condamnations.*

(3) L'autre.) *Caton d'Utique, qui, par son oposition à César, donna lieu au renversement de la Liberté.*

loir défendre trop fagement les interêts de la République, renverfa de fond en comble la Liberté du Peuple Romain. Tels furent auffi (1) les Brutus, les Caffius, (2) les Gracchus, fans oublier (3) le bon Ciceron, qui, tout zèlé, tout bien intentionné qu'il étoit, n'a pas fait moins de mal à la République des Romains, que Demofthene à celle des Athéniens. Je veux que Marc-Antonin ait été bon Empereur : il ne me fera pas changer de thèfe, puisqu'il étoit incommode à fes Sujets, & que même ils le haïffoient par le feul endroit de fa Philofophie. Encore une fois, je veux que Marc-Antonin ait été bon Prince : toujours eft-il vrai, qu'il ne pouvoit pas rendre un plus mauvais office à la République, qu'en lui laiffant Commode fon Fils pour Succeffeur ; en quoi il a caufé un plus grand malheur à l'Empire, que fon adminiftration ne lui avoit été avantageufe. Cette efpèce de gens qui s'adonnent à l'étude de la Sageffe, font ordinairement très-malheureux en tout ; mais principalement dans leurs Enfans. Je m'imagine que ce cela vient d'une précaution de la Nature, qui empêche par-là que cette pefte de Sageffe ne

fe

---

(1) Les Brutus, les Caffius.) *Ces deux hommes qu'on a nommé les derniers Romains, tuérent Céfar ; puis étant vaincus, ils fe tuérent eux-mêmes.*

(2) Les Gracchus.) *Tibere & Cajus, tous deux éloquens, tous deux féditieux, & qui périrent tous deux dans un tumulte.*

(3) Le bon Ciceron.) *Il irrita Marc-Antonin, au grand malheur de la République.*

ſe répande trop chez les Mortels. Le Fils de Ciceron dégénera ; & le ſage Socrate eut des Enfans
qui tenoient plus de la Mere que du Pere, c'eſt
à dire, comme quelqu'un l'a interterpreté joliment, qui étoient fous.

On auroit patience, ſi ces Philoſophes n'-ètoient incapables que des Charges & des Emplois
publics : mais ils ne valent pas mieux pour les
fonctions & pour les devoirs de la vie. Invitez
un Sage à un repas : ou il gardera un morne ſilence ; ou il interrompra ſans ceſſe la Compagnie,
par ſes frivoles & importunes queſtions : prenez le pour danſer, il s'en acquittera avec
toute l'agilité d'un Chameau : trainez-le aux
Jeux publics, ſa ſeule mine empèchera le divertiſſement du Peuple ; & le venerable (1)
Caton, refuſant conſtamment de mettre bas
ſa gravité, ſera forcé de quitter la place. Entre-t-il quelque-part où la converſation eſt
animée ? tout le monde ſe tait, comme ſi on
voyoit le loup. Faut-il acheter, vendre,
paſſer un contract ; enfin, s'agit-il de quelque action néceſſaire au-dehors dans le cours
de la vie ? vous le prendriez plutôt pour une
ſouche, que pour un homme. Ainſi, ce Philoſophe n'eſt bon à rien, ni pour lui-même,
ni

____

(1) Caton.) *On raporte de ce Cenſeur, qu'aſſiſtant
aux Jeux Floraux, comme ceux qui devoient jouer n'oſoient
le faire devant lui, à cauſe des femmes nuës & des danſes
laſcives, on lui ordonna de changer de viſage, ou de ſortir ; & qu'il prit le dernier parti.*

D 4

ni pour fon Païs, ni pour les fiens : ne fachant ce que c'eft que les ufages & le commerce de la vie, & étant directement opofé aux opinions, & aux coutumes du Vulgaire, il ne fe peut pas, fans doute, que cette grande différence de fentimens & de maniéres ne lui attire une haine univerfelle.

Tout ce qui fe fait chez les hommes eft plein de folie ; ce font des fous qui agiffent avec des fous, Si donc une feule tête entreprend d'arrêter le torrent de la multitude, je n'ai qu'un confeil à lui donner : c'eft, qu'à l'éxemple de (1) Timon, il s'enfonce dans un défert, & qu'il y jouiffe tout à fon aife de fa Sageffe.

J'ai fait-là un affez bel écart : rentrons dans le chemin que nous avons quitté. Quelle vertu, quelle puiffance a raffemblé dans l'enceinte d'une Ville ces hommes naturellement durs, fauvages, ruftiques ? Qu'eft-ce qui a pû aprivoifer ces animaux farouches ? La Flaterie : c'eft ce que fignifie la Fable (2) d'Amphion & d'Orphée. Qu'eft-ce qui a élévé le Peuple Romain à un tel degré de puiffance, qu'il ne vifoit pas à moins qu'à la conquète de l'Univers ? La Flaterie. Mais qu'eft-ce qui a ranimé, réüni ce vafte Corps, lorfqu'il

étoit

---

(1) Timon.) *Ce Philofophe Athénien, fcandalifé des mœurs de fes Concitoyens, fe retira dans une folitude, & rompit tout commerce avec les hommes.*

(2) D'Amphion & d'Orphée.) *Selon la Fable, au chant d'Amphion, les pierres s'arrangeoient d'elles-mêmes en murailles ; ainfi fut bâtie Thèbes ; & Orphée par fa belle Mufique faifoit remuer les chênes.*

étoit sur le point de tomber en morceaux? Fut-
ce un Discours philosophique? Rien moins que
cela.   Ce fut une ridicule (1) & puérile Fable,
inventée sur l'Estomac & sur les autres Membres.   (2) Themistocle produisit le même effet,
par son Apologue du Renard & du Hérisson.
Que le Sage employe le plus profond raisonne-
ment de la Philosophie, réüssira-t-il comme un
(3) Sertorius avec sa Biche imaginaire, ou avec
sa plaisante ruse des queuës de Cheval? Par-
viendra-t-il à ses fins, comme ce célèbre (4) Lé-
gisla-

---

(1) *Puerile Fable.*) *Le Peuple Romain, se trouvant
abimé de dettes, se sépara d'avec le Senat, qui lui ayant
envoyé l'Orateur Menejus Agripa, celui-ci le ramena par
cet Apologue, que tout le monde sait.*

(2) *Themistocle.*) *Le Peuple d'Athenes se plaignant
de l'avarice des Magistrats, Themistocle conta, qu'un
Renard, sucé par les mouches, avoit remercié le Hérisson
qui s'offroit de les chasser, disant, que le remède seroit
pire que le mal.*

(3) *Sertorius.*) *Ce Général Romain faisoit accroire aux
Iberiens, que Diane lui avoit fait présent d'une belle Biche blanche, qui l'avertissoit de tout.   Le même, pour
montrer à ses soldats, que l'esprit vaut mieux que la force,
fit venir un bon & un méchant Cheval: puis il ordonna
à un homme vigoureux, d'arracher la queuë du méchant,
ce qu'il fit d'abord; & à un homme foible, d'arracher la
queuë du bon, dont il vint à bout crin à crin.*

(1) *Licurgue.*) *Voulant faire voir aux Lacédémoniens
la force de l'éducation, se servit de deux Chiens d'une même portée, dont l'un courut à la soupe, & l'autre au
lievre.*   D 5

g͟islateur de Lacédémone avec ſes deux Chiens ? Je ne dis rien de Minos ni de Numa, qui par des inventions fabuleuſes, ſurent ſi bien tirer parti de la ſottiſe du Peuple. Car c'eſt principalement par ces niaiſeries, que cette grande & groſſe bète, nommée *Vulgaire*, ſe met en mouvement.

Je vous demande encore: quelle Ville a jamais reçu les Loix de Platon & d'Ariſtote, les (1) maximes de Socrate ? Autre ondée d'interrogations: quel motif avoient les Decius, Pére & Fils, pour ſe dévouer aux Dieux des Enfers ? Par quel attrait Curtius ſe précipita-t-il dans l'abime, ſi non par l'attrait de la vaine gloire, douce & très douce Sirene, mais qui déplait fort à nos Sages ? Quelle plus grande folie, s'écrient-ils, que de careſſer le Peuple, pour monter aux Charges, que d'acheter ſa faveur, par des largeſſes, que de ſe plaire à ſes acclamations, que de ſe laiſſer porter par la Ville, comme une Image, ou ſe laiſſer élever comme une Statue ſur la Place publique, pour être en ſpectacle à la canaille ? Ajoutez cet empreſſement populaire à faire adopter par ſon Idole des titres illuſtres, des ſur-noms glorieux. Ajoutez, ces honneurs divins, qu'on rend à un homme ſans mérite. Enfin ajoutez (2) ces Cérémo-

___

(2) De Socrate.) *Ces maximes ſont, qu'il vaut mieux ſouffrir une injure, que de la faire ; que la mort n'eſt point un mal ; que la Philoſophie n'eſt que la méditation de la mort - &c.*

(1) Ces Cérémonies publiques.) *Les Romains faiſoient*

rémonies publiques , qui ſe font pour mettre au nombre des Dieux les Tirans les plus ſcélérats. Rien n'eſt plus fou que tout cela , & un ſeul Democrite ne ſuffiroit pas pour en rire. Qui dit que non ? En eſt-il moins vrai , que la Folie eſt la ſource de tous ces fameux exploits des Heros , que tant d'habiles gens ont élevé jusqu'au Ciel ? C'eſt cette Folie qui engendre les Villes : par elle ſubſiſtent le Gouvernement, la Magiſtrature , la Religion , les Conſeils , les Tribunaux, & je ne crains point de le dire , la vie humaine n'eſt qu'une eſpèce de jeu , n'eſt que folie. Il en eſt de mème des Sciences & des Beaux-Arts. Qu'eſt-ce qui a porté les hommes à inventer, & à laiſſer à leurs deſcendans tant d'excellentes productions, à ce qu'on s'imagine ? N'eſt-ce pas la ſoif de la gloire ? Ils ont crû, ces maitres-fous, qu'ils ne devoient épargner ni veilles , ni ſueurs, ni efforts de travail, pour ſe procurer une je ne ſai quelle réputation, qui dans le fond n'eſt qu'un beau fantôme. Mais enfin, c'eſt toujours à la Folie que vous êtes redevables de tant d'utilités qui ſont déja dans le Monde : vous jouïſſez de la ſottiſe des autres ; c'eſt une des plus grandes douceurs de la vie.

Apres

ſoient des Dieux de leurs Empereurs , quand ils étoient morts ; & voici comment. On hâtiſſoit une haute Tour de bois ; on la rempliſſoit de paille , & de parfums ; on attachoit un aigle tout au haut : cet oiſeau, délié par les flâmes, s'envoloit ; & comme en même tems il ſe répandoit une odeur fort agréable, les ſots croyoient que c'étoit l'ame du Prince qui montoit au Ciel.

Après avoir établi mon Eloge fur ma force, & fur mon induſtrie, que diriez-vous, Meſſieurs, ſi j'entreprenois de louer auſſi ma prudence? C'eſt, me dira quelqu'un, comme ſi vous vous mêliez d'accorder le feu & l'eau, la folie & la prudence n'étant pas moins broüillés que ces deux contraires. J'eſpere néanmoins que j'en viendrai à bout: continuez ſeulement à me bien écouter.

Si la prudence conſiſte dans l'uſage des choſes, qui mérite mieux d'être honoré du ſurnom de *prudent*, ou le Sage qui, moitié modeſtie, moitié timidité, n'entreprend rien; ou le Fou, que ni la pudeur, (car il n'en a point,) ni le peril, (car il n'a pas l'eſprit de le connoitre,) ne détourne jamais d'aucun deſſein? Le Sage s'enterre avec les anciens Auteurs; & qu'eſt-ce qu'il aprend par ſa lecture continuelle? Des pointes d'eſprit, des penſées fines, de pures fadaiſes. Mais le Fou, en eſſayant de tout, & en affrontant les dangers, acquiert, ſi je ne me trompe, la vraie prudence. Homere, tout aveugle qu'il étoit, voyoit bien cela: Le Fou, dit-il, ſe fait ſage à ſes dépens; *il ouvre les yeux après l'action.* Deux choſes empêchent principalement l'homme de bien connoitre ce qui ſe préſente à faire; la honte qui aveugle l'eſprit, qui glace le courage; & la crainte, qui montrant le péril, fait préferer l'inaction. Or il n'apartient qu'à la Folie, d'aplanir généreuſement ces difficultés. Peu de gens comprennent combien il eſt utile pour faire fortune, de ne rougir jamais, & de hazarder tout. S'ils

font

font plus de cas de cette prudence qui eſt fondée
ſur le jugement, voyez, je vous prie, combien
tel en eſt éloigné, qui ſe vante de la poſſeder.

Toutes les choſes humaines ont deux faces,
auſſi bien que (1) les Silenes d'Alcibiade : ce qui
paroit au dehors, mortel, hideux, miſérable,
infame, ignorant, foible, mépriſable, triſte,
contraire, ennemi, nuiſible ; regardez le dedans, ouvrez le Silene, vous trouverez une op-
poſition formelle à tout ce détail-là. Vous ſem-
ble-t-il que je parle ici trop philoſophiquement ?
Hé bien ! je vais m'expliquer d'un ſtile plus
intelligible.

Vous étes tous perſuadés, qu'un Roi eſt fort
riche, & qu'il eſt le maitre de ſes Sujets. Mais
ſi ce Monarque a l'ame d'une brute, & ſi d'ailleurs il eſt inſatiable, ſi rien de tout ce qu'il a ne
le contente, ne m'avoüerez vous pas qu'il eſt
très pauvre ? S'il ſe laiſſe entrainer par les vices
& par les paſſions, ce n'eſt plus qu'un vil Eſcla-
ve. On peut philoſopher de la même maniére
ſur toutes choſes : mais cet exemple ſuffit. A
quoi cela revient-il, direz-vous ? Un peu de
patien-

____

(1) Les Silenes d'Alcibiade.) *C'etoient de vieux Sati-*
res : on les nommoit Silenes, parce qu'ils tournoient au-
tour du Preſſoir, & qu'on apelloit ainſi ceux qui fouloient
la grappe. Celui qui eſt ſi connu ſous le nom de Silene,
fut Précepteur de Bacchus ; il étoit chauve. Les Silenes
étoient auſſi certaines Statuës riſibles au dehors, mais qui
renfermoient au-dedans des images divines : c'eſt à elles
qu'Alcibiade comparoit joliment Socrate, qui paroiſſoit
lourd & ſtupide, mais qui avoit une ame divine.

patience; vous allez voir. Si quelqu'un s'aprochant d'un Comédien masqué* qui jouë actuellement son rôle, tâchoit de lui arracher son masque, pour faire voir son visage aux spectateurs, cet homme-là ne mettroit-il pas toute la Scene en désordre? ne mériteroit-il pas qu'on le chassât comme un insensé, comme un furieux? Cependant, des Comédiens démasqués feroient voir tout d'un coup une nouvelle décoration: la femme se trouveroit être un homme; le jeune homme un vieillard; le Roi un pied-poudreux le Dieu un homme de néant. Mais vouloir détromper les spectateurs, c'est troubler toute la Représentation: leurs yeux sont retenus par ce déguisement. Apliquons la Comparaison. Qu'est-ce que la vie humaine? Une Comédie: chacun y jouë sous un personage étranger, chacun fait son rôle sous le masque, jusque à ce que le Maitre de la Piéce leur fasse quitter le Théatre. Ce Maitre ne laisse pas de faire paroitre souvent le même Acteur en different équipage: celui qui, paré superbement, étoit sur le Trône, tombe dans la poussiére, & se voit couvert des haillons de l'Esclavage. A la vérité, tout n'est dans ce monde qu'une ombre, qu'une figure: mais cette grande & vaste Comédie ne se jouë pas autrement.

Poursuivons: si quelque Sage tombé du Ciel aparoissoit ici, qu'il se mit à crier: *Non, celui que*

---

* *Chez les Anciens, les Acteurs étoient masqués.*

que vous vénerez comme (1) *votre Dieu & votre Seigneur, n'est pas même un homme. C'est une bête, qui ne suit que les mouvemens de sa machine; c'est un Esclave du dernier ordre, puisqu'il sert à d'aussi vilains Maitres que sont ses passions:* Si ce Sage, s'adressant à un autre qui pleure la mort de son pére, l'exhortoit à se réjouir, en lui disant, que cette vie-ci n'est proprement qu'une mort continuée, & que par conséquent son pére n'a fait que cesser de mourir: Si, se fachant contre ce fat qui met toute sa gloire dans sa Généalogie, il le traite de roturier, de bâtard, à cause qu'ils s'est tout à fait éloigné de la vertu, seule & unique source de la noblesse: Enfin, si notre Philosophe parcourt sur ce ton-là tous les autres usages de la vie, quel sera le fruit de son déchainement? C'est qu'il passera chez tout le monde pour un fou, pour un furieux. Croyez-moi: comme il n'y a rien de plus impertinent, que de vouloir être sage à contre-tems, il n'y a rien aussi de plus ridicule, qu'une prudence mal-entenduë & hors de saison. En vérité, c'est se donner un grand travers, que de vouloir se distinguer du Genre-humain, de ne pas s'accommoder au tems

---

(1) Votre Dieu & votre Seigneur.) *Ce sont les titres que Domitien se donnoit. Martial a dit, qu'il n'y avoit pas de plus méchante bête, qu'un mauvais Prince. Diogene étant monté sur la Tribune comme pour haranguer, & criant par reprises,* Hommes, écoutez; *on accourut en foule, & on lui demanda ce qu'il vouloit: à quoi il répondit,* j'ai apellé des hommes, & non pas vous autres, qui n'avez rien d'humain que la figure.

tems. On ne devroit jamais oublier cette Loi, que les Grecs établissoient dans leurs festins, (1) *Buvez, ou allez-vous en :* autrement, c'est demander que la Comédie ne soit plus Comédie. Par la raison des contraires, puisque la Nature vous a fait homme, il est de la vraye prudence, de ne vous pas élever au dessus de la condition humaine. De deux choses l'une : ou dissimulez volontiers avec tous vos semblables, ou soyez assez honnète pour vouloir bien courir le risque que de vous tromper avec eux. N'est-ce pas-là une autre sorte de folie ? diront les Sages. J'en conviens : mais qu'ils m'accordent donc à leur tour, que c'est-là faire son personage dans la Comédie du monde.

Au reste.... Dieux immortels ! parlerai-je ? me tairai-je ? Mais pourquoi me taire ? ce que je veux dire est plus vrai, que la vérité même. Dans cette incertitude, je crois que je ne ferois pas mal de prendre un milieu. J'ai envie de faire descendre toutes les Muses du Mont Helicon. Pourquoi non ? Les Poëtes apellent bien à leur secours ces Filles Beaux Esprits, pour de simples bagatelles ; au lieu que mon sujet est de la derniere importance. Venez donc, pour un moment, Filles de Jupiter ! Je veux faire voir, que cette Sagesse tant vantée, & qu'on nomme avec emphase la Citadelle de la Félicité, n'est abordable que sous les auspices de la Folie.

Je

---

(1) Buvez, ou allez-vous-en.) *Les sens moral de ce Proverbe, dont les Anciens se servoient dans leurs festins, est, qu'on doit s'accommoder à ceux avec qui on vit, ou qu'il faut s'en séparer.*

Je soutiens d'abord, que toutes les convoitifes, toutes les paſſions desordonnées, ſont du reſſort de la Folie : c'eſt ce que perſonne ne dispute. En effet, quelle eſt la différence eſſentielle entre le Sage & le Fou C'eſt que celui-ci n'a point d'autre régle que la paſſion ; & que l'autre ſe conduit en tout par les lumiéres de l'Ame raiſonnable. N'eſt-ce pas par cet endroit là que les Stoïciens éloignent de leur Sage toutes les agitations, tous les troubles de l'eſprit comme autant de maladies ? Cependant, s'il faut en croire les Péripatéticiens, les paſſions tiennent lieu de Pilotes à ceux qui ſe hâtent d'entrer dans le Port de la Sageſſe : ce ſont, pour les devoirs de la vertu, comme autant d'éperons & d'aiguillons, qui excitent à faire le bien. Il eſt vrai que Seneque, ce Stoïcien à brûler, ôte abſolument au Sage toutes les paſſions. Oh qu'il a fait-là un beau Chef-d'œuvre ! Ce n'eſt donc plus un homme que ce Sage ? C'eſt quelque Dieu, qui n'a jamais été en être, & qui n'exiſtera jamais. Diſons mieux : c'eſt un homme de marbre, qui eſt inſenſible, & qui n'a rien d'humain. Permis à ces Meſſieurs les Stoïciens, de jouïr de leur Sage, de l'aimer ſans rival, de demeurer avec lui (1) dans la Ville de Platon ;

---

(1) Dans la Ville de Platon) *Il avoit tracé le plan d'une République : mais perſonne ne voulut en être. Lucien le raille agréablement la-deſſus :* Platon, *dit-il,* demeure tout ſeul dans ſa Ville.

Platon ; ou, s'ils l'aiment mieux, (1) dans la région des Idées ; ou enfin , (2) dans les Jardins de Tantale. Quelle Espece d'homme, qu'un Stoïcien ! Qui ne le fuiroit comme un Monſtre, qui n'en auroit horreur comme d'un Spectre ? Je veux vous le dépeindre au naturel. Il eſt ſourd au langage des ſens: nulle paſſion ; l'amour & la pitié ne font non plus d'impreſſion ſur ſon cœur, que s'il étoit de diamat: rien ne lui échape, il ne prend jamais à gauche, c'eſt (3) un vrai Lynx pour la pénétration: il conſidére tout avec la derniére exactitude: il ne fait grace ſur rien, car il croit toutes les actions indifférentes: il tire tout ſon bonheur de ſon propre fonds: il ſe croit ſur la Terre le ſeul riche, le ſeul ſain, le ſeul Roi, le ſeul libre : en un mot, il ſe croit tout, & il eſt ſeul à le croire. Pour des amis, c'eſt de quoi il ſe ſoucie le moins; auſſi n'en a-t-il aucun : il ne fait pas même le moindre ſcrupule de plaiſanter dés Dieux : enfin , il prétend que tout ce
qui

---

(1) Dans la région des Idées.) *Le même Platon admettoit en Dieu les formes humaines , ſéparées de la matiére. Eraſme badine auſſi en cet endroit ſur les régions fabuleuſes du Soleil, de la Lune, des Vents , du Feu, &c.*

(2) Dans les jardins de Tantale,) *Proverbe des Grecs, pour ſignifier ce qui n'eſt nulle part ; car ils regardoient comme une Fable , ce que les Poëtes ont dit du Tartare.*

(3) C'eſt un vrai Lynx.) *Eſpece de Cerf tacheté , qui a la vuë fort perçante.*

qui se passe dans le Monde est pure folie, &
il s'en moque. Voilà le portrait de cet animal,
qu'on nous propose pour un modèle accompli de Sagesse. Dites-moi, je vous prie, si la
chose pouvoit être décidée par suffrages, quelle
Ville voudroit d'un tel Magistrat ? Quelle Armée souhaiteroit un tel Général ? Qui inviteroit
ce Philosophe à sa table ? Je suis sur qu'il ne
trouveroit pas même, ni une femme, ni un valet. On choisiroit plutôt parmi la plus folle populace, quelqu'un qui, étant fou, sauroit com-
mander, ou obéir aux fous ; quelqu'un qui fût du
goût de ses semblables, c'est à dire de presque tous
les hommes ; qui fût doux & honnête envers sa
femme, agréable à ses amis, divertissant dans un
festin, complaisant à ceux avec qu'il vit ; quelqu'un enfin, qui diroit, je suis homme, & par
conséquent obligé à tous les devoir de l'humanité.
Laissons-là ce Sage bourru : il me fatigue : je n'en
ai parlé qu'avec répugnance. Je passe donc aux
autres avantages de la vie.

Quand on refléchit attentivement sur le Genre
humain, quand on le regarde comme du haut
d'une échauguette, (à quoi, selon les Poëtes,
Jupiter passe une partie de son loisir ;) peut-on
n'être pas touché du malheur des hommes ?
Bons Dieux ! qu'est-ce que leur vie ? Ils naissent
dans l'ordure ; on ne les nourrit qu'avec bien
de la peine dans l'enfance, ils ne tiennent à
rien ; la jeunesse leur coûte des travaux innombrables ; la vieillesse est une source d'infirmités ;
& pour conclusion, il faut mourir. Repassons
encore une fois cette déplorable course. L'hor-

rib-

rible & diverſe quantité de maladies! tant d'accidens, tant d'incommodités! enfin, pas un plaiſir, pas une douceur, qui ne ſoit mêlée de chagrin & d'amertume! Qui voudroit ſeulement faire l'énumération des maux que l'Homme cauſe à l'Homme, ce ſeroit vouloir compter ou meſurer le ſable : la pauvreté, la priſon, l'infamie, la honte, les tourmens, les embuches, la trahiſon, les outrages, les procès, les fourberies &c. De vous dire par quel crime l'Homme a mérité cette foule de disgraces, ou quel Dieu irrité l'a contraint de naitre dans cet abime de miſére, c'eſt ce qui ne m'eſt pas permis à préſent. Mais vous m'avouërez, que ceux qui auront examiné à fond le malheur inexprimable de la condition humaine, ne blâmeront pas (1) les Filles Mileſiennes, quoique d'ailleurs cet exemple faſſe compaſſion.

Mais qui ſont les plus renommés entre ceux qui, par un dégoût de la vie, ont avancé leur mort? N'étoient-ils pas les amis & les voiſins de la Sageſſe? Pour ne rien dire de Diogene, de Xénocrate, des Catons, des Caſſius, des Brutus; ſouvenez-vous de ce (2) Chiron, qui préfera la mort à l'immortalité qu'on lui offroit. Jugez par-là combien le Genre humain dureroit, ſi le commun des hommes s'aviſoit d'etre ſage :

____

(1) Filles Mileſiennes.) *Saiſies d'une fureur qui les portoit à ſe faire mourir.*

(2) Chiron.) *Précepteur d'Achille. Il refuſa l'immortalité, que les Dieux lui offrirent en récompenſe de ſa probité.*

ſage: on auroit bientôt beſoin de nouvelle bouë, & d'un autre (1) Promethée. J'y mets bon ordre: c'eſt moi qui entretiens les hommes dans l'ignorance, dans l'étourderie, dans l'oubli des maux paſſés, dans l'eſpérance d'un meilleur ſort; & mêlant ma douceur avec celle de la volupté, j'adoucis ainſi la rigueur de leur deſtinée. Non ſeulement, presque tous les hommes aiment à vivre; mais même, ceux dont les Parques finiſſent la trame, ceux que la vie quitte depuis un nombre d'années, ne ſont nullement preſſés d'aller chez les Morts: plus ils ont ſujet de ſe déplaire ſur la Terre, moins ils s'y ennuyent, bien loin de trouver leurs jours trop longs. C'eſt par un effet de ma bonté, qu'on voit de toutes parts des Vieillards décrépits, plus amoureux que jamais de la vie: à peine ont-ils ſeulement la figure d'homme: ils bégayent, ils radotent, ils n'ont ni dents, ni cheveux, ils ſont tout ridés, tout courbés, ſans le moindre reſte de virilité; n'importe, ils veulent vivre. Ils vont bien plus loin, ces Vieillards inſenſés; ils imitent la jeuneſſe, autant qu'ils peuvent. L'un teint ſes cheveux blancs; l'autre cache ſa tête pelée ſous une perruque; celui-là ſe ſert de dents artificielles, qu'il a peut-être empruntées à quelque pourceau, qui eſt un autre lui-même; celui-ci devient (2) éper-

dûment

----

(2) Promethée.) *La Fable dit qu'il fit le corps de l'Homme, de l'argile.*

(1) Eperdûment.) *Les jeunes gens ſont moins fous*

E 3

qu'un

dûment amoureux d'une jeune fille , & fait plus le fou auprès d'elle , que quelque jeune homme que ce ſoit. Il eſt même à préſent ſi commun , de voir un homme tout plié , & qui ne ſauroit plus regarder que la terre où il va deſcendre , de le voir , dis-je , prendre une jeune femme ſans dot , & qui ſera au ſervice des autres , qu'on en fait preſque un ſujet de louange. Mais voici une peinture encore plus divertiſſante. Ce ſont les Vieilles amoureuſes : Ces Cadavres demi - vivans , qui ſemblent revenus des Enfers , & qui ſentent déja la charogne. Le cœur leur en dit encore : laſcives comme une Chienne en chaleur , elles ne reſpirent que les ſales plaiſirs , & vous diſent franchement, que ſans cette volupté , la vie n'eſt plus rien. Ces vieilles Chèvres courent donc le jeune Bouc; & quand elles trouvent un Adonis , elles payent liberalement ſa répugnance & ſa fatigue. Cependant, ces Carcaſſes ſe donnent tous les ſoins imaginables , pour retenir l'Amant mercenaire dans le filet. Se platrer le viſage de fard ; conſulter à tout moment le miroir ; montrer une gorge flétrie , ridée & toute propre à exciter le vomiſſement ; tâcher , en chantant d'une voix tremblante & caſſée , de réveiller la convoitiſe ; boire le petit coup; danſer avec les jeunes filles ; écrire des Billets-

doux ;

---

qu'un Vieillard qui ſe met l'amour en tête: il reſſemble au fer, par la froideur de ſes membres ; & comme le fer s'échauffe très difficilement, & ſe refroidit de même, ainſi en eſt-il d'un Vieillard amoureux.

doux; voilà les moyens que ces Louves employent pour tenir leurs Champions en haleine. Tout le monde crie, oh les vieilles folles,
les vieilles folles! & ce tout le monde n'a pas
tort: mais elles s'en moquent, & plongées dans
les délices, elles profitent du bonheur que je
leur procure. Je fais une queſtion à ceux qui
plaiſantent là-deſſus: Ne vaut-il pas mieux être
fou, & vivre dans la joye; que d'être fou à ſe
déſeſpérer, & à s'aller pendre? Mais, dit-on, il
y a de l'infamie à vivre comme vos Vieux &
vos Vieilles. Soit. Hé! qu'importe à mes Fous?
Ils ſont inſenſibles ſur le des-honneur, ou s'ils
le ſentent, ils étouffent aiſément les remords.
Mes bons & fidèles Sujets philoſophent à leur
maniére; ils diſtinguent très bien le mal réel,
d'avec le mal imaginaire. Une pierre vous tombe ſur la tête? voilà ce qui s'apelle un mal:
mais la honte, l'infamie, les reproches, les
malédictions, tout cela ne bleſſe qu'autant qu'on
veut. Dès que vous ne vous en ſouciez point,
ce ne ſont plus des maux. Le Public me dé-
chire, & moi j'en fais gloire; en quoi ſuis-je
malheureux? Or il n'y a que moi qui puiſſe
vous élever à ce haut degré de perfection;
c'eſt-là comme ma derniere faveur. Quoi donc,
ajoute le Sage en ſe récriant, eſt-il rien de plus
miſérable que d'être attaqué de folie? N'eſt-ce
pas vivre dans l'erreur, dans l'abus, dans l'ignorance? Point du tout: c'eſt être homme. je ne
conçois rien à votre entêtement: vous traitez
mes fous de miſérable; & vous êtes nez, tournez,

E 4

élevez,

élevez, inſtruits tout comme eux, c'eſt le ſort commun de votre Eſpèce.

Il y a, ce me ſemble, un grand ridicule à plaindre un Etre qui eſt dans ſon état naturel. Déplorerez-vous le malheur de l'Homme, en ce qu'il n'a point d'ailes pour voler, comme les Oiſeaux ; en ce qu'il ne marche pas à quatre pieds, comme les Bêtes ; en ce quil n'eſt pas armé de cornes, comme les Taureaux ? Par la même raiſon, déplorez auſſi le ſort d'un beau Cheval, de ce qu'il n'a point apris la Grammaire, & de ce qu'il ne mange point de pâtiſſerie, plaignez un Taureau, de ce qu'on ne le dreſſe point au manège, aux exercices de l'Académie. Comme donc un Cheval, qui ne ſait ni A ni B, n'eſt pas miſerable ; de même un Fou ne ſauroit être malheureux, la folie étant naturelle à l'Homme. Les ſubtils Raiſonneurs, mes antagoniſtes, me pouſſent ici une nouvelle botte. L'homme, diſent-ils, a ſeul. entre tous les animaux, le beau privilège de conoitre les Sciences & les Arts ; & il s'en ſert pour ſupléer par ſon eſprit au défaut de la Nature. N'aviez-vous que cette flèche-là dans votre carquois ? je ne la crains guères. La Nature donne aux moucherons, aux herbes, aux fleurs tout ce qu'il leur faut ; & cette bonne Mère aura-t-elle refuſé quelque choſe à l'Homme de ce qui lui convient ? Fi donc ! vous n'y penſez pas. La Nature veille à la production de tous les Etres ; & elle ſe ſera endormie pour l'Homme, qui eſt ſon plus bel ouvrage ? y a-t-il la moindre ombre d'aparence à cela ? Ces Sciences, ces Arts, que

vous

vous faites fonner fi haut , ne viennent nullement de la Nature : ce fut un certain Génie (1) nommé Theutus, grand ennemi du Genre-humain , qui les inventa, au grand malheur des hommes : car, bien loin que les Difciplines contribuent à cette félicité pour laquelle on prétend qu'elles ont été découvertes ; tout au contraire elles y nuifent extrêmement. Il avoit bien raifon, ce fage & prudent Roi , qui blâme fi finement (1) chez Platon l'invention de l'Alphabet.

Difons-le donc hardiment : le Savoir & l'Induftrie fe font fourrés dans le Monde, comme les autres peftes de la vie humaine : ils ont été trouvés par ces mêmes Efprits qui ont été les auteurs de tous les maux , je veux dire par les Démons

---

. (1) *Nommé Theutus.*) *Voici comment Socrate en parle, chez Platon. J'ai ouï dire, près de Naucratis en Egypte, qu'il y avoit eu un des anciens Dieux, à qui on a confacré l'oifeau nommé* Ibis *; ce Démon, ou ce Dieu, s'apelloit* Theuth *: que ce fut lui qui inventa les Nombres, la Geometrie, l'Aftronomie, les Jeux de hazard, & l'Alphabet. Thamus regnoit alors fur toute l'Egipte, & dans une puiffante ville que les Grecs apellent la Thebe d'Egypte. Theut étant venu trouver ce Monarque, lui montra fes inventions, & il dit, qu'il faloit les communiquer aux Egyptiens.*

(2) *Chez Platon.*) *Au même endroit qu'on vient de citer. Le Roi demanda à* Theut *, de quelle utilité feroient ces Lettres alphabetiques ? Pour foulager la mémoire, répondit-il : mais le Prince répliqua, que ce feroit tout le contraire, parce que les hommes , s'apuyant fur le fecours de ces caractères, mettroient tout fur le papier, & ne retiendroient rien.*

E 5

Démons, qui ont même tiré leur nom (1) de la Science. On ne connoſſoit point tout cela dans le Siécle d'or; & les hommes d'alors, ſans méthode, ſans règles, ſans inſtruction, vivoient heureux ſous la conduite de la Nature, & par ſon ſeul inſtinct. En effet, de quel uſage la Grammaire eût-elle été en ce tems-là? Il n'y avoit qu'un ſeul Langage, & on ne parloit que pour ſe faire entendre. Il n'étoit pas beſoin de Logique, puisqu'ayant tous le même raiſonnement, la contrarieté des opinions ne produiſoit point des diſputes. De quoi auroit ſervi la Rhétorique dans cet Age-là, où il n'y avoit ni Procès, ni Plaidoyers, ni Sermons? Un Légiſlateur eût été alors fort inutile; car point de mauvaiſes mœurs, (2) point de Loix. Au reſte, ces trop heureux Mortels avoient (3) trop de Religion, pour fouiller, par une curioſité impie, dans les ſecrets de la Nature, pour étudier les meſures, les mouvemens, les effets, les cauſes cachées des Aſtres; croyant, qu'il n'eſt pas permis à un petit Etre comme l'Homme; de vouloir paſſer les bornes de ſa portée. Quant à l'en-

vie

---

(1) De la Science.) *Les Grecs apellent les Savans, Démons, d'un vieux mot qui ſignifie* j'aprens, je ſai: *d'où les Grammairiens croyent que le terme Démon eſt dérivé.*

(2) Point de Loix.) *Car ce ſont les mauvaiſes mœurs qui ont donné lieu aux bonnes Loix; comme les maladies à la Medecine.*

(3) Ils avoient trop de Religion &c.) *Socrate s'en abſtenoit, diſant, que ce qui eſt au-deſſus de ne nous, ne nous regarde point.*

vie de favoir ce qui eft au-delà du Ciel, cette extra-vagance ne leur entroit pas même dans l'Efprit.

Tel étoit le Siécle d'or. Les hommes perdant peu à peu cette heureufe innocence, les Génies, comme j'ai dit, inventérent les Arts, mais en petit nombre, & qui furent reçus de peu de gens. Dans la fuite, 1) les Chaldéens par leur fuperftition, & les Grecs par leur oifive legereté, en trouvérent mille autres, tous admirables pour tourmenter l'efprit ; la Grammaire feule étant plus que fuffifante pour faire paffer toute la vie dans la torture. De tous ces Arts, on eftime davantage ceux qui aprochent le plus du fens commun, c'eft à dire, felon moi, de la folie. Mais de quel raport font-ils ; Les entrailles des Théologiens crient famie, les Phyficiens fe morfondent, on fe moque des Aftrologues, on méprife les Dialecticiens, il n'y a que le Medecin ; celui-là fait autant lui feul, que tous les autres enfembles.

D'ailleurs cette profeffion de Medecine a un grand avantage ; c'eft que, plus celui qui la pratique eft ignorant, hardi, témeraire ; plus il eft eftimé des Grands. J'ajoute, que la Medecine, principalement de la maniere qu'on l'exerce aujourd'hui, n'eft qu'une portion de Flaterie ; ce qui lui eft affurément commun avec la Rhétorique.

Après

---

(1) Les Chaldéens.) *Ils inventérent l'Aftrologie, & la Magie : Erafme les traite de fuperftitieux, parce qu'ils attribuoient la Divinité aux Etoiles.*

Apres le Medecins marchent immédiatement les Légiftes, & les Jurisconfultes. Je ne
fai fi ces fupôts de Thémis ne devroient point a-
voir l'honneur du pas fur les Prêtres d'Efculape :
entre eux le débat. Ce qu'il y a de vrai, c'eft
que les Philofophes prefque unanimement fe moquent des Docteurs en Droit, nommant cette
profeffion une Science d'Ane. Anes tant qu'on
voudra ; ce font pourtant ces Interpretes des
Loix qui règlent toutes les affaires : ces Meffieurs
s'enrichiffent à leur métier ; pendant que le pauvre Théologien eft réduit à manger fes feves, &
à faire une guerre continuelle à fa vermie.

De tout ce que vous venez d'entendre fur les
Sciences, je forme cet argument. Les Arts les
plus utiles font ceux qui ont le plus de raport
avec la folie : donc ces hommes-là font parfaitement heureux, qui, n'ayant aucun commerce avec les Sciences fpéculatives & pratiques,
prennent la feule Nature pour leur guide. Elle
n'eft défectueufe en rien, & on ne peut s'égarer
en fuivant éxactement & fidèlement fes impref-
fions. La Nature hait le fard ; & tout ce qu'elle
produit fans artifice eft toujours ce qui vient le
plus heureufement.

Pérmettez moi d'infifter un peu fur cette matiére. N'eft - il pas vrai que, parmi tant de différentes efpèces d'Animaux, ceux-là vivent le
plus agréablement, qui ne font fujets à aucune
difcipline, & qui n'ont que la Nature pour Mai-
treffe ? Quoi de plus heureux, quoi de plus admirable, que les Abeilles ? Ces infectes, qui
n'ont pas même tous les fens du corps, bâtif-

fent

ſent mieux que les plus habiles Architectes. Leur République eſt ſi bien entenduë ! les Philoſophes ne pourroient pas en imaginer une ſemblable. Oppoſons le Cheval aux Abeilles : parce que cette bête a quelque choſe du ſentiment humain, parce qu'il a eu le malheur de paſſer au ſervice de l'Homme, il a auſſi ſa bonne part des infortunes de ſon Maitre. N'arrive-t-il pas ſouvent, que cet Animal domeſtique, plutôt que de reculer dans une Bataille, bat des flancs, ſe met tout hors d'haleine ; & lorsqu'il marque le plus de courage, comme ſi l'ambition de vaincre le transportoit, il reçoit un coup mortel, qui jette par terre & le Cavlier & le Cheval, & qui leur fait mordre à tous deux la pouſſiere ? Je ne dirai rien de la dureté du mords, de la piquûre des éperons, de la priſon nommée l'Ecurie, des foüets, des bâtons, des liens, de la peſanteur du Cavalier, enfin, de tous les fruits amers de cette ſervitude, à laquelle le Cheval, à l'imitation de pluſieurs Princes, s'eſt livré, par un trop grand déſir de ſe venger du Cerf ſon ennemi. La vie des Mouches & des Oiſeaux eſt bien plus ſouhaitable : la Nature, qui les a fait libres, a ſoin de les nourrir, & ils n'ont à craindre que les embuches des hommes. Lorsque les Oiſeaux en cage s'accoutument à parler, vous ne ſauriez croire combien ils perdent de leurs agrémens naturels. Tant il eſt vrai de toute maniere, que les productions de l'Ouvriére commune ſont beaucoup meilleures que celles de l'Art & de l'Invention.

Sur

Sur ce pied - là, je ne puis vous exprimer combien j'eſtime Pythagore transformé en Coq. Par la vertu de la Métempſycoſe, il avoit paſſé par toute ſorte de conditions : Philoſophe, Homme, Femme, Roi, Particulier, Poiſſon, Cheval, Grenoüille, je crois même qu'il avoit été Eponge. Après toutes ces transmigrations, il déclara que l'Homme etoit le plus malheureux des Animaux : tous les autres, c'étoit-la ſa raiſon, s'en tiennent uniqnement à la Nature ; l'Homme ſeul veut aller plus loin. Le même Pythagore faiſoit incomparablement plus de cas des Idiots, que des Doctes & des Grands. C'étoit auſſi le ſentiment de Grillus, un des Compagnons d'Ulyſſe : changé en Cochon par la Sorciere Circé, il aima mieux grogner en repos & à ſon aiſe dans l'étable, que de courir avec ſon Général de nouveaux hazards, & de nouvelles avantures. Homere, ce célèbre Inventeur du prétendu commerce des Dieux avec les Hommes, ce pére de la Fable, paroît être dans le même principe : il apelle généralement tous les hommes des miſerables ; il dit que la mort les environne de tous côtés ; il n'en excepte pas même Ulyſſe ſon Heros, & à ce qu'il dit, le Favori de Minerve, le grand modèle de prudence. Ce Poëte lui donne ſouvent l'épithéte d'infortuné : mais il ne parle pas de même de Paris, d'Ajax, ni d'Achille, qui étoient des fous : au contraire, parce qu'Ulyſſe étoit fin, ingénieux, qu'il avoit l'oreille de la prude Pallas, & qu'il préferoit en tout le conſeil de cette Déeſſe à l'impulſion de la Nature, Homere deplore le malheur de ce Roi d'Ithaque.

J'en

J'en reviens donc toujours à ma thèfe : ceux qui s'apliquent à l'étude de la Sageſſe, font très éloignés de la félicité : doublement fous, en ce qu'ils oublient leur condition naturelle, & en ce qu'ils voudroient vivre comme les Dieux, & que, à l'exemple (1) des Geans, ils font la guerre à la Nature avec les (2) machines des Arts. Les choſes étant ainſi, je tire cette conſéquence. Donc ceux-là font les vrais bienheureux, qui aprochent le plus des Bêtes, & qui n'entreprennent rien au-deſſus de l'homme : ça, voyons ſi on pourroit apuyer cela ſur le raiſonnement des Stoïciens, mais ſans y chercher tant de façons. Dieux immortels, ſoyez en les Juges! Eſt-il au monde une ſorte d'hommes plus heureux, que ces gens qu'on apelle ordinairement fous, inſenſés, fats, inſipides? Ah! les beaux noms, ſelon moi! Je veux vous dire une choſe : vous la prendrez d'abord pour une extravagance, pour une abſurdité; qu'importe? Je ne la dirai pas moins, parce que rien n'eſt plus vrai.

Ces hommes, qui paſſent pour être dépourvus de ſens, ne craignent point la mort ; & cette crainte, j'en jure par Jupiter, cette crainte n'eſt pas un petit mal : ils font exempts des cruels remords

(1) Géans.) *Ce ſont ceux qui firent la guerre aux Dieux : Ciceron entend par cette Fable les efforts qu'on fait contre la Nature.*

(2) Machines.) *Il explique la métaphore par le terme propre ; car c'eſt avec les machines de guerre qu'on prend les villes.*

mords de la conscience : les Fables des Manes &
des Ombres ne les épouvantent point : ils n'ont
nulle peur des Fantômes, des Loups-garoux,
des Lutins, des Esprits : point d'inquiétude sur
les malheurs dont ils sont menacés ; point d'impatience sur l'espérance des biens à venir : enfin,
pour renfermer tout en peu de mots, ils ne sont
point rongés de mille soins auxquels la vie est
sujette ; la honte, l'apréhension, l'ambition,
l'envie, l'amitié, rien de tout cela chez eux ; &
ils ont le bonheur de ne différer des bêtes que par
la figure : ils sont impeccables, demandez-le aux
Théologiens.   Cela suposé, rentrez en vous-
même, insensé partisan de la Sagesse; pesez, examinez attentivement, combien de peines d'esprit
vous tourmentent jour & nuit ; remettez-vous
devant les yeux, comme en un tas, tous les des-
agremens de votre vie; & jugez de là du bonheur que je procure à mes Fous.   Non - seulement ils jouïssent d'un plaisir continuel, riant,
jouant, chantant toujours ; mais même ils aportent la joye par-tout où ils vont : il semble que
les Dieux ont la bonté de les donner aux hommes, pour adoucir les chagrins de la vie humaine.   Remarquez encore une distinction, qui
fait honneur à mes Sujets.   Les hommes sont
différemment disposés de cœur les uns envers
les autres : mais pour les Fous, tous les hommes se font un plaisir de les avoir, comme s'ils
les reconnoissoient pour leur apartenir : on les
souhaite avec passion, on les embrasse, on les
entretient, on les nourrit, ou les secourt dans
leurs accidens ; enfin on leur permet de tout
dire,

dire, & de tout faire. Non-feulement, perfonne ne cherche à leur nuire; mais de plus, les
Bêtes mêmes, comme par un fentiment naturel de leur innocence, (1) repriment devant
eux leur férocité naturelle. La Religion veut
cela : les Fous étant confacrés aux Dieux, & principalement à moi, il eft jufte de les refpecter.

Mes Sectateurs ont encore d'autres préroga-
tives, & j'aurois grand tort de les fuprimer Les
plus grands Princes ne font-ils pas leurs délices
de ces gens-là? Les Monarques n'ont pas de
plus agréables heures que celles qu'ils paffent
avec leurs Fous. Quelle difference ne mettent-
ils pas entre leurs Bouffons, & ces Sages fades &
bourrus qu'ils nourriffent pour fe faire honneur?
Elle n'eft pas furprenante, cette difference. Les
Philofophes ne difent ordinairement rien que de
trifte; & fe confiant en leur favoir, ils prennent
quelque-fois la liberté de dire des verités qui ne
plaifent pas. Il en eft tout autrement des Fous :
ils donnent ce que les Princes fouhaitent le plus,
des bons mots, des railleries, des pointes fatiri-
ques, des faillies à faire éclater de rire. Remarquez, chemin-faifant, le beau privilège des
Bouffons: eux feuls font en droit de parler fincé-
rement, Quoi de plus eftimable que la vérité?
On l'attribue communément au Vin & à l'Enfance : c'eft ne pas s'y connoitre. A moi, oui,
à moi

____

(1) Repriment.) *On voit par expérience, & non
fans étonnement, que les Chiens, comme s'ils recon-
noiffoient la fimplicité de la Nature, epargnent les Enfans & les Fous.* F

à moi apartient principalement la gloire de la fincérité.   Chez celui qui a l'honneur d'être fou,
l'efprit, le cœur, le vifage, la bouche, tout eft
d'accord.   Les Sages ont (1) deux langues;
l'une pour dire ce qu'ils penfent; l'autre pour
parler felon le tems : ils ont, quand il leur plait,
le talent de blanchir le noir ; ils foufflent (2) le
chaud & le froid ; leurs paroles font de fauffes &
infidèles images de leurs idées & de leurs fentimens.

Je ne puis m'empêcher ici de plaindre les
Princes.   Qu'ils font malheureux au fait de la
Fortune! Inacceffibles à la Vérité, ils n'ont que
des flateurs pour amis.   Ils ne doivent s'en prendre qu'à eux-mêmes, dira quelqu'un : pourquoi fe font-ils un rempart d'amour-propre,
contre la fincérité de ceux qui leur parlent?
N'eft ce pas par cet endroit-là qu'ils fe déplai-
fent

----

(1) Deux langnes.) *C'eft une penfé d'Euripide : chacun, dit-il, a deux langues ; l'une pour le Vrai, &
l'autre pour s'accommoder au tems.*

(2) Le chaud & le froid.) *C'eft une allufiou à la Fable
qu' Avian conte ainfi.   Un Payfan reçut chez lui un Satire, Comme il faifoit extrémement froid, le Payfan fouffloit
dans fes doigts.   Pourquoi fais tu cela ? demanda le Satire.
Pour m'échauffer, repondit le bonne homme. S'étant mis a
table, on préfenta un mets fort chaud ; & l'hôte fe mit de
nouveau à fouffler & refouffler dans fa cuillere.   Encore ?
s'écria alors le Satire ; & pourquoi cette fois-ci ? Pour re-
froidir la bouillie, repartit le Païfan.   Alors le Satire fe
leva fort indigné, & difant qu'il ne vouloit avoir aucun
commerce avec de telles gens, il s'en alla au plus vite.*

fent dans la compagnie des Philofophes? Les Monarques craignent que, parmi ces *Anti-hommes* ou Sages, car c'eft la même chofe, il ne s'en trouve quelqu'un qui vife plus à corriger qu'à divertir. Je réponds à cela: Vous avez raifon: les Princes ne peuvent fouffrir qu'on leur dife leurs verités; rien n'eft plus certain. Mais c'eft-là auffi ce qui fait le plus d'honneur à mes Fous: ils ne diffimulent point les défauts & les vices des Rois. Que dis-je? ils les infultent, ils les injurient, fans que ces Maitres du Monde s'en fachent, s'en offenfent: & des paroles qui feroient pendre Monfieur le Philofophe, s'il les proferoit, fortent elles de la bouche d'un Fou? le Prince en rit de tout fon cœur. Naturellement la vérité fait plaifir, quand elle ne bleffe point: or il n'y a qu'aux Fous que les Dieux ont donné le privilège fingulier de moralifer, de reprendre fans choquer. C'eft à peu près par les mêmes raifons, que les Femmes fe plaifent fort avec les Bouffons, ce Sexe étant plus enclin au plaifir, & au badinage. D'ailleurs, quelque chofe que les Dames faffent avec ces gens-là, & quelque-fois elles font tout, cela ne leur paroit qu'une badinerie, qu'un paffe-tems; car la femelle de l'animal prétendu raifonnable eft merveilleufement ingénieufe à pallier, à couvrir fes échapées.

Pour revenir donc au bonheur des Fous: ils paffent toute leur vie avec beaucoup d'agrément; après quoi, fans craindre ni fentir la mort, ils vont tout droit dans les Champs Elyféés, où leurs ames pieufes, mais fort defœu-

vrées, recommencent de plus belle à se divertir. Comparez à présent la déstinée de quelque
Sage que ce soit avec le sort d'un Fou. Repré-
sentez-vous, figurez-vous cet homme vénerable,
ce grand modéle de Sagesse, que les sots regardent avec admiration : comment fait-il son passage sur la Terre? Attaché depuis son enfance à la
chaine de l'aprentissage & de l'étude, il consume
ses agréables années dans les soins & dans les efforts du travail, Est-il hors de cet esclavage? Il
n'en est pas plus heureux : toujours contraint d'é-
pargner, pauvre, triste : bourru, dur à lui-
même, insuportable aux autres, pâle, maigre,
infirme : chassieux, usé avant le tems, & mourant de même : qu'il meure jeune, qu'il meure
vieux, que lui importe? Vivre, n'est-ce pas jouïr
des douceurs de la vie? Or on peut dire dans ce
sens-là, que nôtre homme n'a jamais vêcu. Que
vous semble de ce portrait du Sage? N'est il pas
beau?

(1) Ces Grenouilles de Stoïciens ne manqueront pas de revenir à la charge. Mais quoi, di-
ront-ils, une insigne Folie aproche bien de la Fureur, ou plûtôt, c'est la Fureur même. Qu'est-
ce que c'est que d'être furieux? N'est-ce pas avoir
l'esprit égaré? Pitoyable race, que ces Philosophes? le plus souvent ils ne savent ce qu'ils disent : ça, je veux encore détruire, ruïner cette
baterie-là, s'il plait aux Muses. Je ne conteste
point

---

(1) *Ces Grenouilles de Stoïciens.*) *D'anciens Auteurs
ont apellé Grenouilles d'Egypte les Logiciens & les Sophistes, à cause de leur chicane importune.*

point la subtilité de ces Stoïciens ; mais pour peu qu'ils souhaitent qu'on les croye de bon sens , ils doivent distinguer deux sortes de Folie , à peu près de même qu'on distinguoit autrefois deux Venus & deux Cupidons. Toute fureur ne rend pas malheureux. Si cela étoit, Horace n'auroit pas nommé une Fureur aimable , cette verve qui emporte les Poëtes , & qui leur decouvre l'avenir , Platon n'eut pas compté entre les principaux avantages de la vie , la Fureur des Poëtes , des Prophètes , & des Amans ; la Sibille de Cumes n'eût pas employé ce terme pour exprimer les peines & les fatigues d'Enée.

Il y a donc deux genres de Fureur : l'une vient du fond des Enfers , & ce sont les Furies qui l'envoyent en ce Monde : ces Divinités noires & vengeresses font pour la Terre un détachement de leurs Serpens , toutes les fois qu'il leur prend envie de se divertir à tourmenter les Mortels, De-là vient l'ardeur de la guerre , la soif hydropique & dévorante des richesses , l'infame & abominable amour , le parricide, l'inceste , le sacrilège , le déchirement de conscience , & toutes les autres pestes semblables dont les Furies se servent pour mettre les hommes dans une affreuse agitation.

Mais il est une autre Fureur , tout oposée à la précedente : c'est moi qui en fais présent aux hommes ; & ils devroient la souhaiter, comme le plus grand de tous les biens. En quoi pensez-vous que cette Folie consiste ? Dans une certaine alienation d'esprit, qui ôte tout chagrin, & qui cause plusieurs plaisirs. Ciceron ecrivoit

(1) à fon Ami Atticus, que cette Folie devroit être un grand effet de la bonté des Dieux, puisqu'elle étouffoit le fentiment de tous les maux. Un je ne fai quel Grec étoit dans le même principe : fon Hiftoire eft affez plaifante, il faut que je vous en régale. Cet homme-là étoit fou dans toutes les règles : affis tout feul depuis le matin jusqu'au foir fur le Théatre, & fe croyant toujours à quelque beau fpectacle, quoiqu'il n'en fut rien, il rioit, il aplaudiffoit, il fe réjouïffoit. D'ailleurs honnête-homme pour les devoirs de la focieté ; complaifant & fidèle à fes Amis ; doux, affable, facile envers fa Femme, indulgent à fes Efclaves, & qui favoit fort bien connoitre au bouchon la bonne ou la mauvaife bouteille. Ses parens le guérirent à force de drogues : mais lui, revenu tout à fait dans ce qu'on apelle très mal à propos le bon fens, leur fit cette belle & judicieufe apoftrophe : qu'avez-vous fait ? ,, O mes amis, ,, Vous prétendez m'avoir guéri ? Abus, abus ; ,, vous m'avez tué. Plus de Plaifir pour moi : ,, on m'a tiré par forcé d'une erreur qui faifoit ,, toute ma félicité. ,, Ce convalefcent avoit raifon ; & ceux qui par l'Art de la Medecine procurérent

----

(1) A fon ami Atticus.) *Celui-ci avoit reproché à Cicéron, qu'il y avoit de l'excès dans la douleur que la tirannie du Triumvirat lui caufoit, & que même il donnoit lieu de croire à quelques-uns, qu'il avoit perdu l'efprit. Cicéron répandit, qu'il avoit encore tout fon bonfens ; mais qu'il voudroit devenier fou, pour ne plus fentir tant de malheurs.*

curérent le rétablissement de sa cervelle, avoient plus besoin (1) d'Ellébore que lui.

Après tout, savoir si on doit nommer Folie, toutes les erreurs de sens & de l'esprit, c'est sur quoi je n'ai pas encore prononcé. Si quelqu'un a la vue assez mauvaise pour prendre un Mulet pour un Ane; si n'ayant pas la justesse du discernement, il admire de méchans Vers; on dit tout aussi-tôt, il est fou. Si un homme est assez singulier dans ses jugemens, pour s'imaginer toujours, lors qu'une Ane brait, entendre une agréable symphonie; ou pour se croire, dans sa pauvreté, aussi riche (2) que Crœsus; on ne manque pas de le traiter de fou. Mais si cette folie fait plaisir, comme cela arrive presque toujours, elle divertit & ceux qui l'ont, & ceux qui la voyent. Cette sorte d'extravagance est beaucoup plus étendue qu'on ne croit communément. L'expérience fait voir aussi, qu'un Fou se moque de l'autre, & que tous deux se divertissent tour à tour : souvent même c'est le plus fou qui rit de meilleur cœur du moins fou. Mais enfin voici mon Arrêt : Plus un homme abonde en différentes

tes

---

(1) D'Ellébore.) *Herbe medecinale, & bonne pour les mélancoliques, & pour les insensés. Il y en a de noir & de blanc.*

(1) Que Crœsus.) *Ce Roi de Lydie fut le plus riche de la Terre. Demandant un jour à Solon, s'il n'étoit pas le plus heureux des hommes ? Sire, répondit le Philosophe, vous me paroissez extrêmement opulent; vous avez un grand Royaume : mais je ne répondrai à votre question, que quand vous serez mort heureux.*

F 4

tes folies, plus il eſt heureux : pourvû néanmoins, qu'il ne forte pas du genre d'extravagance qui nous eſt particulier ; genre ſi vaſte, ſi général, que je doute qu'on puiſſe trouver dans toute l'Eſ. pèce humaine un ſeul individu qui ſoit ſage à toute heure, & qui n'ait pas ſon grain de folie.

Qu'un homme, par le dérèglement de l'imagination, prenne une Citroüille pour une Femme, on ne héſite pas à dire, c'eſt un fou. Pourquoi ? parce que cette maladie de cerveau eſt très-rare. Mais qu'un ſot de Mari adore ſa Femme, quoiqu'elle lui plante une forêt de cornes ſur le front ; qu'il la croye auſſi chaſte que Penelope, & qu'il ſe félicite en lui-même, qu'il béniſſe ſon deſtin, d'avoir épouſé une telle Lucréce, on ne aviſera point de le taxer de folie, Pourquoi ? c'eſt qu'il n'y a rien de plus ordinaire. Il faut mettre dans la même claſſe ceux qui mépriſent tout, hors la Chaſſe, & qui de leur propre aveu, ne conçoivent pas un plus grand plaiſir, que celui d'entendre le vilain ſon du Cor, ou l'aboyement des Chiens. Quand les excrémens de ces bêtes frappent l'odorat du Chaſſeur, je me figure qu'il croit ſentir (1) du Cinnamome. S'agit il de mettre la proye en pieces ? O quelle volupté ! Aſſommer, égorger, démembrer les Bœufs & les Moutons ; fi ! cela ne convient qu'à la canaille. Mais la Bête ſauvage ; il n'eſt permis qu'aux Nobles d'en être les Bouchers. Cela ne ſe fait qu'en grande cérémo-

____

(1) Cinamone.) *Arbriſſeau dont le bois eſt odoriſe-*
rant, aſſez ſemblable à l'arbre apellé Canelle.

cérémonie, afin que vous le sachiez. Le Maître de la Chasse est nué-tête & à genoux ; il prend le coutelas consacré à ce sacrifie, car ce seroit offenser Diane, que d'en employer un autre : armé de ce glaive, il coupe religieusement les membres de l'Animal ; le tout par ordre, & en faisant certains gestes. Pendant cette pompeuse opération toute la troupe environne le Prètre de la Dèesse : ils gardent un profond silence, paroissant aussi étonnés de ce spectacle qu'ils ont vû mille fois, que si c'étoit une nouveauté. Célui qui a le bonheur de manger sa part de la proye, ne s'en tient pas peu honoré, regardant cela comme un nouveau degré de Noblesse. Enfin, quoique ces Chasseurs, qui usent leurs jours à poursuivre & à manger les Bètes sauvages, ne tirent point d'autre fruit de ce pénible & fatigant exercice, que de devenir euxmêmes aussi sauvages que les Bètes qu'ils poursuivent, ils ne laissent pas de s'imaginer qu'ils vivent en Rois.

Une autre espèce de gens, qui ressemblent tout à fait à ceux que je viens de dépeindre, sont les Batisseurs. Possedés une fois de cette passion inquiétante, ils ne sont jamais contens : leur occupation continuelle est de faire & défaire, de construire & détruire ; changeant, comme dit Horace, le quarré en rond, le rond en quarré, jusqu'à ce qu'enfin il ne leur reste plus ni maison, ni pain. Que leur reste-t-il donc ? Le souvenir d'avoir passé agréablement un nombre d'années.

Venons aux Souffleurs. Ce sont de braves fous, ceux-là : la tête toujours pleine de nou

F 5   veaux

veaux & myſtérieux ſecrets, ils ne viſent pas à moins qu'à confondre, qu'à mêler, qu'à changer la Nature, chérgeant par tere & par mer une je ne ſai quelle Quinteſſence, qui ne ſe trouve que dans leur imagination toute chimérique. Ne croyez pourtant pas que le mauvais ſuccès les rebute; rien moins que cela: enyvrés d'une folle, mais douce eſpérance, ils ne ſe repentent jamais ni de la dépenſe, ni du travail; ingénieux, tout ce qui ſe peut, à s'en impoſer, à ſe rendre les dupes de leur entêtement. Quelle eſt ordinairement leur fin? Après avoir ſoufflé tout leur bien, ils n'ont pas même de quoi bâtir un petit fourneau. Ces adorateurs du feu, ces coureurs de fumée ne s'en repaiſſent pas moins de leurs vains projets: plûtôt mourir que d'ouvrir les yeux; & ſi on vouloit les croire, il n'y auroit que des Chimiſtes dans le monde. Lors qu'ils ſont enfin contraints de renoncer aux decouvertes, ils ont une grande reſſource de conſolation; c'eſt de dire, qu'il eſt au moins bien glorieux d'avoir formé un ſi noble deſſein: mais en même tems ils grondent la Nature, de ce qu'elle a donné aux hommes une vie trop courte pour un ouvrage de cette importance.

Quant aux Joueurs de profeſſion, j'ai quelque ſcrupule de les faire entrer dans mon Empire. Ils ſont ſi paſſionnés pour le Jeu, qu'au ſeul bruit des dez, le cœur leur ſaute de joye. Lors que par la trompeuſe eſpèrance de regagner, ils ont perdu tout leur bien, & que leur vaiſſeau s'eſt briſé contre l'écueil du Jeu, écueil

non

non moins dangereux que (1) Malée; encore trop heureux d'échaper tout nuds de ce naufrage, ils aimeroient mieux fourber (2) qui que ce fût, que celui qui les a dépoüillés de peur de paffer pour malhonnètes-gens. Que dire de ces Vieillards qui, prefque aveugles par le grand âge, ne laiffent pas de jouer avec des lunettes; ou, s'ils ont la Goute aux mains, choififfent un fecond qui jette les dez pour leur compte; Ce font-là des Fous. Ils fe donnent du plaifir, & par cet endroit-là ils m'apartiennent: d'un autre côté le Jeu tourne fi fouvent en rage & en fureur, que je ne ferois pas mal de le renvoyer aux Furies. Que dirai-je de ceux qui, après avoir

> ----- *commencé par être dupes,*
> *Finiffent par être fripons?*

Les rangerai-je parmi mes Sujets. Pourquoi non? N'eft-ce pas une folie, que de perdre fon argent en dupe? & n'en eft-ce pas une auffi, que d'efpérer de jouir en paix de ce qu'on acquit par la fourberie?

Mais voici venir des gens qui, fans difficulté, vivent fous ma domination. Ce font les Menteurs, les hableurs, & généralement tous ceux qui fe plaifent à dire & à entendre des fauffetés.

---

(1) Malée.) *Promontoire fort dangereux de la Laconie, Province du Peloponefe. On difoit en proverbe. Quand tu navigues devant Malée, oublie toute ta maifon.*

(2) Qui que ce fût.) *Tacite dit que les Allemans prenoient grand plaifir aux jeux de hazard, & que les perdans fe livroient de fort bonne foi à l'efclavage & à la mort.*

ſetés. Le croiriez-vous? Ce bon-goût donne un plaiſir, dont les Sages ne ſont pas dignes. Il faut, il faut être né ſous la faveur des Dieux, pour bien ſavourer ces douces chiméres. On n'en a jamais aſſez. Les Prodiges, les Fantômes, les Lutins, les mauvais Eſprits, les Enfers, tant d'autres viſions ſemblables ſont ce qui fournit le plus aux converſations du ſot Vulgaire. Qui dit miracle, qui dit ſurnaturel, qui avance quelque choſe qui ſoit au-deſſus des Cauſes ſecondes & des Loix immuables du mouvement, fait ouvrir & chatouille les oreilles des auditeurs ignorans. Ne traitez pas cela, s'il vous plait, de ſimple amuſement: la matiére eſt devenuë très ſérieuſe, graces (1) aux Sacrificateurs, & aux Sermoneurs, qui ont fort bien ſu tourner à leur profit la crédulité populaire.

Il en eſt de même d'un autre genre de ſuperſtitieux. Plaiſans originaux! Dès qu'ils ont eu le bonheur de voir une Statuë de bois, ou une Image (2) de leur Polypheme Saint Chriſtofle, ils ſe tiennent ſûrs de ne point pèrir ce jour-là. Qu'un Soldat ait fait ſa petite priére devant

---

(1) *On n'attaque pas ici les vrais miracles, mais les Charlatans en fait de Religion; principalement les Moines mendians, qui, après avoir trompé le Vulgaire par une Morale hypocrite, par des Scapulaires &c. s'en moquent le verre à la main.*

(2) De leur Polypheme.) *Parce qu'ils repréſentent leur Saint Chriſtofle comme un Géant, lui mettant, au-lieu de bâton, un mât à la main, comme Virgile à Polypheme.*

vant la figure de Sainte Barbe, il n'a plus rien à craindre des dangers de la guerre. On invoque même (1) Erasme comme un Saint de Paradis, & en lui rendant des honneurs divins, on se promet une grosse fortune, (2) Et cet Hercule Saint George, qui leur tient lieu (3) d'un autre Hippolyte ? C'est un plaisir de voir leur Dévotion à bien parer son cheval, & à se prosterner devant cette bête superbement ornée. Ils ont grand soin d'entretenir par des présens, la faveur & la protection du Cavalier; & jurer par son Casque, est pour eux un serment inviolable.

Où mettrai-je ces gens qui se croyent hors de dette avec la Divinité, en vertu des Pardons & des Indulgences ? Gens qui, par cette sorte de fausses remissions, mesurent comme (4) avec la Clepsydre, comme géometriquement, & sans craindre l'erreur de calcul, mesurent

(1) *Les Matelots invoquoient Saint Christofle, les Soldats Sainte Barbe : & les Avares Erasme.*

(2) *Il semble que Saint George soit l'ancien Hercule canonisé.*

(3) D'un autre Hippolyte.) *Célebre par sa résistance à l'amour criminel de Phedre sa belle mere, & qui fut déchiré par ses chevaux.*

(4) Avec la Clepsydre.) *Horloge d'eau. Il y en avoit de plusieurs espèces : mais toutes avoient cela de commun, que l'eau tomboit insensiblement par un petit trou, d'un vaisseau dans un autre, dans lequel en s'élevant peu à peu, elle élevoit un morceau de liege qui marquoit les heures par des lignes tracées de distance en distance.*

furent, dis-je, la durée, les ſiécles, les années, les mois, les ſemaines, les jours, les
heures du Purgatoire. Autre eſpèce d'extravagans : ce ſont ceux qui s'apuyant ſur certaines
petites marques extérieures de dévotion, ſur quelques courtes priéres, qu'un pieux Impoſteur a inventé comme par Magie, pour ſon plaiſir ou
par interèt, comptent ſur une félicité accomplie : richeſſes, honneurs, volupté, bonne chè-
re, ſanté jamais interrompuë, verte & vigoureuſe vieilleſſe, longues années, pas un de ces
biens ne ſauroit leur manquer. Ce n'eſt pas tout :
ils eſpérent bien auſſi les prèmiéres places dans
le Ciel, à une condition s'entend ; c'eſt qu'ils
n'iront chez les Bienheureux que tout le plus
tard qu'il leur ſera poſſible. Et quand donc ?
Lorſque les douceurs d'ici bas, auxquelles ils
ſont attachés du fond de l'ame, les quitteront
enfin à leur grand regret ; alors viendront les
délices éternelles & inconcevables du Paradis.
Mes Sujets, ,... comment. mes Sujets ? les
Miniſtres mème du Sanctuaire les plus perſuadés,
les plus zèlés n'en veulent qu'à ce prix-là ; le Paradis eſt leur-pis-aller.

Sur ce fondement des Pardons & des Indulgences, un Négociant, un Soldat, un Juge n'a
qu'à jetter une petite piéce d'argent dans le baſ-
ſin : le voilà net, & auſſi bien reblanchi que lors
qu'il ſortit du Baptême. Tant de parjures, tant
d'impuretés, tant d'ivrogneries, tant de querelles, tant de meurtres, tant d'impoſtures, tant
de perfidies, tant de trahiſons, tout cela ſe rachete
par un peu de monnoye, & ſe rachete ſi bien,
qu'on

qu'on se croit en droit de faire un nouveau compte de vices, de crimes, de scéleratesse.

(1) Est-il des hommes plus fous, ou pour mieux dire plus heureux, que ces Devots, qui croyent qu'en récitant chaque jour sept certains versets des sacrés Pseaumes, ils entreront immanquablement dans le Royaume des Cieux. C'est pourtant un Diable, dit-on, qui a fait cette riche découverte ; mais un Diable sot, & qui avoit plus de vanité que de finesse. Il eut l'imprudence de vanter son secret magique à Saint Bernard, qui en savoit plus long que lui. Ne sont-ce pas-là de grandes folies? D'accord; & moi-même, toute la FOLIE que je suis j'en ai presque honte. Cependant ce n'est pas seulement le Vulgaire qui aprouve ces extravagances : ce sont même les Professeurs en Religion.

Puisque je me suis embarqué sur cet Océanlà, si faut-il que je vogue. Disons quelque chose de l'invocation des Saints. Chaque Païs n'at-il pas au Ciel son Patron; son Saint tutelaire? Chez un même Peuple, on distribuë à ces Grands & puissans Seigneurs de la Cour céleste, les diverses

---

(1) Est-il des hommes &c.) *Le Diable rencontrant St. Bernard, se vante de savoir 7. versets des Pseaumes, & qu'en les récitant tous les jours, on étoit sûr de son salut. L'homme de Dieu fut curieux de connoitre ces versets; mais le Diable le refusa. Je t'attraperai bien, dit le Saint, car je réciterai tous les jours le Pseautier, & par conséquent tes 7. versets. Sur cela le Diable, craignant d'avoir donné lieu à une si bel'e dévotion, aima mieux reveler son secret.*

ſes fonctions du *Protectorat*. L'un guérit du mal de dents ; l'autre aſſiſte les femmes dans les douleurs de l'accouchement ; celui-là fait retrouver ce qu'on a volé ; celui ci veille à la conſervation & à la ſureté des Troupeaux : l'un ſauve du naufrage ; l'autre procure la victoire dans les combats. Jé ſuprime le reſte , car je ne finirois jamais.

Il y a des Saints dont le crédit & le pouvoir s'étendent généralement (1) la Mere de Dieu à laquelle le Vulgaire attribuë plus de puiſſance qu'à ſon Fils. Or ce que les hommes demandent aux Saints , n'eſt-il pas auſſi de mon reſſort ? Dites-moi , s'il vous plait , parmi tous ces pieux monumens de reconnoiſſance , dont vous voyez les murailles & les voûtes des Temples toutes couvertes , en avez-vous jamais vû quelqu'un qu'on ait ſuſpendu comme une marque , comme un ſigne d'avoir été miraculeuſement guéri de la Folie ? C'eſt ſur quoi on n'importune pas les Saints , & quelque dévotion qu'on ait pour eux , on n'en devient pas tant ſoit peu plus ſa-ge. Ces Offrandes , ces Vœux qui pendent aux Autels ſont pour toute ſorte de ſujets , excepté
heureu-

---

(1) La Mere de Dieu.) *C'eſt communément à elle que le Vulgaire s'adreſſe pour tout ; comme ſi Jéſus-Chriſt étoit , ou moins exorable , ou moins puiſſant que Marie. Le Fils eſt le Roi : mais la Vierge eſt Reine-Mere ; & on fait mieux ſon compte avec elle qu'avec le Sauveur. En Italie , un convaleſcent fit mettre dans l'Egliſe une Epigramme , dont le ſens étoit , qu'ayant eu une groſſe fièvre, il n'avoit nulle foi au Medecin , peu de confiance en Dieu, mais beaucoup en Marie , qui auſſi l'avoit ſauvé.*

pour la Folie.   L'un qui a pensé périr, s'est sauvé heureusement à la nage.   L'autre, qui avoit reçu un coup d'épée au travers du corps en est réchapé. L'un rend graces de ce que dans le fort du combat, & lors qu'on étoit le plus aux prises avec l'ennemi, il s'est enfui avec autant de bonheur que de bravoure.   L'autre, condamné pour ses bonnes œuvres à être pendu & étranglé, tombe de la potence par la faveur de quelque Saint qui est ami des Voleurs , & recommence de plus belle à soulager par charité ceux qui ont les poches trop pleines d'argent.   Celui - là s'est remis en liberté, en rompant la prison. Celui - ci est bien rétabli de sa fiévre, au grand chagrin de Monsieur le Docteur, qui comptoit sur une cure plus longue & plus lucrative. L'un, au lieu de trouver la mort dans le poison qu'on lui avoit donné, y a trouvé un rémede : sa Femme qui avoit bonne envie de se defaire de lui , & qui se félicitoit déja de son veuvage , est très - fâchée d'avoir manqué son coup.   L'autre, quoique son chariot se soit renversé, en a été quitte pour la peur , & a ramené ses chevaux en bon état.   Celui-là, ayant été accablé sous des ruïnes, n'en est point mort.   Celui-ci, pris sur le fait par le Mari de sa Maitresse, s'est tiré heureusement d'un si mauvais pas.

En voilà de toutes les sortes, comme vous voyez.   Mais nul Tableau consacré à la bien-heureuse Vierge, ni aux Saints, en action de graces d'avoir été délivré de la Folie : elle a tant de charmes pour les hommes, que de tous les maux , c'est le seul qui leur paroit un bien. Mais

à quoi

G

à quoi bon m'embarquer sur cet Océan de su-
perstition? Quand j'aurois pour parler avec Virgile, quand j'aurois cent langues, cent bou-
ches, & une voix de fer, je ne pourrois jamais
faire l'énumeration de toutes les différentes espèces de la Sottise, ni parcourrir tous les noms
de la Folie.   Je me borne à ce seul exemple, qui
en vaut mille : c'est que (1) le Christianisme
est corrompu par une infinité d'extravagances.
Les Sacrificateurs ne font pas assez aveugles,
pour ne pas voir ce défigurement affreux : mais
ces Messieurs les hauts & bas Officiers du Sanctuaire se soucient fort peu de purger le Champ
du Seigneur.   Tant s'en faut : ces fins & rusés.
Jardiniers arrosent, fomentent entretiennent
les mauvaises herbes.   Pourquoi? Parce que
c'est avec ces mêmes herbes que les dévots Ministres de l'Autel font une soupe délicieuse.

Si quelque odieux Moraliste, s'érigeant en
Apôtre, venoit faire ici cette exhortation pathétique :   ,, Joignez à votre dévotion pour
,, Monsieur Saint Christofle une vie chrétienne ;
,, & vous ne ferez point une fin malheureuse·
,, Outre la petite piéce de monnoye que vous
,, donnez pour les Pardons & pour les Indul-
,, gences, haïssez le mal, pleurez, veillez,
,, priez,

---

(1) Le Christianisme.) *Il est de soi pur & saint, mais
la Folie a tellement défiguré ce culte, qu'il n'y a presque pas une chose sacrée ou l'on n'ait fourré la Supersti-
tion.   Ces abus font en si grand nombre, qu'on pourroit en faire un Livre plus gros que l'Histoire de Tite
Live ; & ils font si ridicules, qu'il vaut mieux n'en
point parler.*

„ priez, jeûnez; enfin, changez de conduite,
„ & pratiquez l'Evangile: alors vous rachete-
„ rez infailliblement vos pechés. Vous avez
„ confiance en tel ou tel Saint ? Suivez ſes
„ éxemples, vivez comme il a vêcu; & par-là
„ vous gagnerez la faveur de votre patron.
Ce Prêcheur auroit raiſon dans le fond, entre
nous ſoit dit: mais d'un autre côté, ne tireroit-
il pas les hommes d'un état heureux, pour les
plonger dans la peine & dans le chagrin ?

Un petit mot d'une autre claſſe de Fous: ce
ſeroit grand dommage de les oublier; ils font
trop d'honneur à mon Empire. Je parle de ces
Riches, qui ſe voyant à la fin de leur carriere,
ordonnent de grands préparatifs pour pouvoir
faire magnifiquement le voyage du tombeau.
C'eſt un plaiſir de voir ces Mourans s'apliquer ſerieuſement à règler leur pompe funè-
bre: ils marquent article par article combien
ils veulent qu'il y ait à leurs funerailles de flam-
beaux, de gens en deüil, de Chantres, de Pleureurs &c. Ne ſeront ils pas bien glorieux, d'aller en terre avec un ſuperbe convoi ? Ils s'en-
font un plaiſir d'avance, ne paroiſſant pas tout
à fait perſuadés que la mort leur ôtera toute
connoiſſance & tout ſentiment. Il n'eſt ni ho-
norable, ni agréable à un Riche défunt, qu'on
enterre ſon cadavre comme celui d'un Gueux.
Enfin, il ſemble que cet homme - là regarde la
mort comme une Charge d'Edile, Magiſtrature
de l'ancienne Rome, qui donnoit inſpeſtion
ſur les feſtins & ſur les divertiſſemens du Peuple.

G 2

Quoi-

Quoique mon sujet ne soit que trop fecond, quoique je sois obligée de couler légérement sur ma matiére, je ne passerai pas néanmoins sous silence ces grands Estimateurs, ces fiers Apréciateurs de la Noblesse. On en voit très-souvent, qui avec une ame de bouë, avec des inclinations de la derniére canaille, vous étourdissent à force de répéter, *je suis Gentilhomme*. Faut-il prouver l'ancienneté de sa race? L'un se fait descendre du pieux Enée; l'autre remonte jusques aux premiers Consuls de Rome; l'autre jusqu'au Roi Artus. Il vous étalent les portraits & les figures de leurs ancêtres; toujours sur les Ayeuls, sur les Bisayeuls, toujours sur les Lignes directes & collatérales de leur Arbre généalogique, citant à tout moment les noms & les surnoms usés de leurs Péres, pourris depuis plusieurs siécles. Examinez bien cet homme-là, avec ses Titres enfumés, rongés, déchirés; n'est-ce pas une vraye idole, & vaut-il guères mieux que ces figures dont il fait tant de parade? Ce fat ne laisse pas d'avoir une haute idée de sa personne, & toujours rempli de souvenir stérile de sa naissance, il se repait de cette chimére, il vit content. Ce qui contribuë aussi à lui faire aimer son beau Fantôme, c'est qu'il trouve des gens aussi sots que lui, qui respectent ce genre de bêtes, ces nobles sans mérite, comme s'ils étoient des Dieux.

Mais pourquoi, puisque j'en suis sur le chapitre de *l'amour-propre*, me bornerois-je à une ou deux espèces de Fous? Ma chere *Philautie*, que vous voyez, n'a-t-elle pas des moyens ad-

mira-

mirables pour empêcher l'homme d'être mécontent de lui - même ? Jettez les yeux sur ce
visage ; il n'y a point de Singe si laid, ni si difforme : & pourtant il se croit fort beau garçon.
Celui-là est il parvenu à tracer assez juste deux
ou trois lignes avec le compas ? Il s'aplaudit
dans l'ame, & ne sauroit s'imaginer qu'Euclide
fût plus habile que lui. Celui-ci chante un peu
plus mal qu'un coq, & n'en est pas moins char-
mé de sa voix. Mais voici une sorte de folie
bien réjouïssante. Un homme a nombre de domestiques : chacun d'eux a son bon : Monsieur
le Maitre réünit dans sa tète toutes ces qualités
il s'en forme un Tout en idée, & il se l'apro-
prie comme un bien réel effectif, qui lui ap-
partient. Tel est chez Seneque ce Riche doublement heureux : lors qu'il vouloit conter une
Histoire, ses Esclaves étoient auprès de lui pour
soulager sa mémoire, & pour lui suggerer les
noms-propres. D'ailleurs ce Maitre étoit si foible, qu'il ne faloit qu'un soufle pour le jetter par
terre ; (1) il n'en étoit pas moins toujours prêt à
se battre à coups de poing , comptant sur la vigueur de ses Esclaves, comme si ç'eût été sa propre force.

Il

____

(1) Il n'en étoit &c) *C'étoit un riche fou. Il avoit
si peu de mémoire, qu'il oublioit les noms les plus connus,
comme ceux d'Hector & d'Achille. Sur ce qu'il croyoit
bonnement joüir des bonnes qualités de ses Esclaves, on
lui conseilloit en le raillant, de se battre aussi avec leurs
forces ; car pour lui il n'en avoit point.*

Il eſt inutile de parler ici de ceux qui font' profeſſion des Arts : on peut les nommer les Mignons de ma Philavtie, les Favorits de *l'A-mour-Propre.* Ces gens-là ordinairement idolâ-trent leur petit mérite, & ils céderoient plûtôt une terre de leur patrimoine, que d'avouer qu'ils manquent d'eſprit. Les Comédiens, les Muſiciens, les Orateurs, les Poëtes, voilà, voilà les meilleurs amis de la *Philavtie!* Plus ils font mal-habiles, plus ils s'imaginent exceller dans leur Art ; & prévenus ainſi en leur faveur, ils font toujours ſur leurs louanges. N'allez pas croire pour cela qu'ils manquent d'approba-teurs : il n'y a point de ſottiſe, quelque groſſiére qu'elle ſoit, qui n'en trouve. C'eſt dire trop peu : à proportion qu'une choſe eſt opoſée au bon ſens, à proportion rencontre-t-elle des ad-mirateurs : ce qui eſt le plus contraire à la droite raiſon, c'eſt cela même après quoi on court le plus avidement. Demandez-vous pourquoi? Je vous l'ai déja dit, presque tous les hommes font fous. L'ignorance a donc deux grands pri-vilèges : l'un, de s'accorder parfaitement avec l'Amour-propre : l'autre eſt d'attirer à ſoi la plus grande partie du Genre-humain. Vous ſeriez bien ſimples de vouloir vous élever au-deſſus du Vul-gaire, par un ſavoir vraiment philoſophique : il en coûte beaucoup ; ce ſavoir fait que tout le monde vous fuit, & que vous fuïez tout le monde ; en-fin, vous ne trouvez presque perſonne capable d'entrer dans votre goût & dans vos ſentimens.

Je fais une autre réflexion ſur *l'Amour-propre.* Remarquez-la avec moi : chaque homme a reçu

en

ne naiſſant ſa Philavtie, comme un préſent de la Nature : mais cette Mere commune ne s'en eſt pas tenuë-là, elle a fait auſſi la meme choſe à l'égard des Societés ; en ſorte qu'il n'y a ni Nation, ni Ville qui n'ait quelque goût particulier. Les Anglois aiment ſur-tout la beauté, la Muſique & la bonne chére. Les Ecoſſois font grand cas de la Nobleſſe, & principalement lors qu'elle prend ſa ſource dans le ſang de leurs Rois : ils ſe piquent auſſi beaucoup d'ètre ſubtils Dialecticiens. Les François s'attribuent la politeſſe & la civilité. Les Pariſiens vantent leur Théologie ; les Italiens leur Literature & leur Eloquence ; enfin chaque Nation ſe ſait bon gré d'ètre la ſeule qui ne ſoit point barbare. On peut dire, que les Romains ſont les plus enchantés de ce dernier genre de félicité ; Rome moderne conſervant encore, comme un agréable rève, cette prétention de l'ancienne Rome. Les Venitiens, enflés de leur Nobleſſe, ſont fort contens d'eux-mèmes. Les Grecs s'aplaudiſſent d'avoir inventé les Sciences, & d'ètre la Poſtérité de ces fameux Heros, qui firent autrefois tant d'éclat dans le Monde. Les Turcs, & tous les autres Peuples ſemblables, qui ne ſont proprement qu'un amas de Barbares, prétendent que la gloire de la vraye Religion leur apartient, & ſe moquent des ſuperſtitions & de l'idolâtrie des Chrétiens. Et les Juifs ? ce ſont eux qui vivent bien agréablement dans l'attente du Meſſie, & qui, ſans ſe rebuter tant ſoit peu d'un ſi long délai, comptent ſûrement & ſans vouloir en démordre, ſur l'accompliſſement des promeſſes de

G 4

Moiſe.

Moïſe. Les Eſpagnols ſe plaiſent à proner leurs prouëſſes & leurs Exploits. Les Allemans ſe font honneur de leur taille gigantesque, & de leur Science magique.

Demeurons-en là; je ne finirois point. Vous voyez à préſent, ſi je ne me trompe, combien l'*Amour-propre* cauſe par-tout de plaiſir, tant dans le général, que dans le particulier. A côté de *Philautie* marche toujours ſa bonne ſœur la *Complaiſance pour ſoi-même.* Car qu'eſt-ce que l'*Amour-propre?* N'eſt-ce pas ſe careſſer, ſe cajoler, ſe flater? Quand nous cajolons les autres, alors cela s'apelle *Flaterie.* Elle a le malheur d'étre aujourd'hui fort décriée, cette pauvre Flaterie: mais par qui? Par ces gens qui s'offenſent plus du terme, que de la choſe. On s'imagine que la Complaiſance ne peut pas s'accommoder avec la bonne-foi: grand abus! Les Bêtes même nous font voir le contraire. Nul animal ſi careſſant que le Chien: en eſt-il de ſi fidèle? L'Ecureuil aprivoiſé ne demande qu'à jouer: en eſt-il moins ami de l'homme? Si la Flaterie excluoit la probité, il faudroit conclure de-là, que les Lions féroces, que les Tigres cruëls, que les Léopards furieux auroient le plus de raport avec l'Eſpece humaine. Je n-ignore pas qu'il y a une très mauvaiſe Flaterie; c'eſt par elle que les Fourbes & les moqueurs attirent les ſots dans le panneau. Mais ce n'eſt pas-là ma chere *Flaterie:* aux Dieux ne plaiſe que je l'adopte! La mienne part d'un fonds de douceur, de bonté, de droiture d'ame; Flaterie qui aproche autant de la vertu, qu'une humeur

rude,

rude, fauvage, brufque, impolie en eft éloi-
gnée. Ma flaterie redonne du cœur aux décou-
ragés, égaye les melancoliques, aiguillonne les
pareffeux, réveille les ftupides, foulage les mala-
des, apaife les furieux, forme les amours, &
les entretient. Ma flaterie fait gouter (1) aux
Enfans le travail de l'étude, elle réjouit les Vieillards ; & fous l'image de la louange, elle inftruit
(2) les Princes fans les offenfer. Enfin ma flaterie fait que les hommes font amoureux de leurs
perfonnes, elle les métamorphofe tous en Nar-
ciffes ; en quoi confifte principalement le bonheur de la vie.

Se peut-il rien de plus officieux, de plus at-
tendriffant, que de voir deux bons & honnêtes
(3)

---

(1) Aux Enfans, &c.) *Anciennement, c'étoit par
des careffes, & par de petits préfens, qu'on engageoit
la Jeuneffe à fuporter les épines de l'Etude : à préfent,
les Pédans emploient la violence & les coups. Ainfi
l'Enfant débute, dans fon aprentiffage, par haïr les
Lettres & fon Maitre, qui d'ailleurs par fa févérité
lui fait contracter une crainte d'efclave, & empêche
même que la nature ne perfectionne ce tendre corps.
Cependant quantité de fous admirent cette dureté.*

(2) Les Princes.) *On doit ufer d'une grande dexté-
rité pour moralifer les Princes : les Précepteurs d'Ale-
xandre, & d'un Ptolemée fe trouvérent mal de leur
franchife. Erafme, faifant l'Eloge de Philippe de
Bourgogne, louoit à l'ordinaire ; mais on voyoit bien
que le but du Panégirifte étoit plus de dépeindre un bon
Prince, que de louer Philippe.*

G 5

(3) Mulets s'entregrater obligeamment ? C'eſt dans ce ſervice mutuel que conſiſtent en partie, ou plus ou moins l'Eloquence, la Medecine, & ſur-tout la Poëſie. Je dis plus : cette Flaterie réciproque eſt le miel & l'aſſaiſonnement du Commerce humain. Les Sages objectent; que c'eſt un grand malheur d'être trompé, & moi je ſoutiens, que n'être pas trompé, c'eſt le plus grand des malheurs. Il y a une extravagance outrée, à mettre le bonheur de l'Homme dans les choſes mêmes; il ne depend que de l'opinion. Tout eſt ſi obſcur dans la vie, tout y eſt ſi différent & ſi opoſé, qu'on ne peut s'aſſurer d'aucune vérité. C'étoit le premier principe de mes Académiciens, qui ſe montroient en cela les moins orgueilleux des Philoſophes. S'il y a des choſes bien connuës, & dont on ne doit pas douter, combien troublent-elles la douceur & le repos de la vie ? Enfin, les hommes aiment qu'on les trompe, toujours prêts à quitter le vrai, pour courir après le faux. En voulez-vous une expérience ſenſible & inconteſtable ? Allez ſouvent au *Sermon*, & prenez garde à ce que je vais vous dire. Si le grand *Crieur*, (o quelle injure ! je me ſuis trompée, au moins je voulois dire le Déclamateur :) Si donc le Déclamateur traite ſerieuſement ſa matiére, on dort, on baille, on touſſe, on ſe mouche, on s'ennuye. Mais le Diſcoureur entame-t-il, comme il arrive ſouvent, quelque

Conte

---

(1) Mulets.) *Ancien Proverbe, contre deux ſots qui ſe donnent tour à tour de l'encens.*

Conte de Vieille, quelque Fable de Légende? d'abord l'Auditoire se réveille, les endormis se lèvent, tout le monde est attentif. Quand on célèbre dans une Eglise la Fête de quelque Saint fabuleux & poëtique, Saint George, par exemple, Saint Christofle, Sainte Barbe; vous trouverez bien une autre parure, une autre dévotion, que si l'on fêtoit Saint Pierre, Saint Paul, & Nôtre Seigneur lui-même. Mais il ne s'agit pas ici de tout cela.

Je reviens toujours à ma thèse : oüi, un bonheur d'opinion est un bonheur à grand marché. Vous parlez de mette votre félicité dans la jouissance des choses : combien les moins importantes donnent-elles de peine ? Jugez en par les ronces, par les broussailles qui entourent la seule Grammaire. Mais pour l'opinion, on la prend sans effort, elle entre d'elle-même dans l'esprit, & contribuë à l'agrément de la vie, autant ou même plus que l'évidence & la certitude. Dites-moi, je vous prie : cet Affamé dévore une saline puante, pourrie, & à l'odeur de laquelle tout autre est obligé de se boucher le nez; ce mets lui semble de l'Ambroisie : ne fait-il pas aussi bonne chere que les Dieux ? Au contraire, quand ce friand met dans son estomac la viande la plus délicieuse, il n'y trouve point de goût, cette nourriture lui cause des nausées, le provoque à vomir : où est donc son bonheur? Un homme a une femme très laide, & son mari la trouve parfaitement belle, n'est-ce pas comme s'il avoit épousé une Venus? Quelque fat a un mauvais & pitoiable Tableau;
pré-

prévenu que cette peinture eſt d'Apelle, ou de Zeuxis, les deux plus fameux Maitres de l'Antiquité, il ne ſe laſſe point de la regardér & de l'admirer : n'eſt-il pas incomparablement plus heureux qu'un autre qui aura payé chérement la main de ces célèbres Peintres, & qui ne prendra point tant de plaiſir à conſiderer leurs ouvrages ?

Je connois un homme qui a l'honneur de porter mon nom : peu après ſon mariage il fit préſent à ſa nouvelle épouſe de deux brillans faux. Comme il étoit bon moqueur, il fit accroire à ſa femme que ces bijoux étoient fins, & qu'ils lui avoient coûté une groſſe ſomme. Or que manquoit-il au plaiſir de l'Epouſe ? Elle manioit ces petits morceaux de verre, elles les éxaminoit, contente de poſſeder ce tréſor imaginaire, tout de mème que s'il eût été réel. Cépendant, le Mari s'étoit épargné une dépenſe conſidérable; il jouiſſoit de l'erreur de ſa femme, qui lui avoit autant d'obligation, que ſi le préſent eût été magnifique.

Mettons les Pélerins (1) de l'Antre de Platon en parallele avec les Fous. Les Fous voient les Ombres & les Fantômes ; ils les admirent: mais ils

---

(1) De l'Antre de Platon.) *Ce Philoſophe apelloit des aveugles & des rêveurs, ceux qui, négligeant les idées divines, & les vérités éternelles, qu'il nonmoit par excellence les ſeuls Etres, ſe donnent tout entier aux corps, que ne ſont que les ombres des véritables choſes : ces gens, dit Platon, enchainés par leurs paſſions, ont pour domicile un ſouterrain en forme de caverne.*

ils s'en tiennent-là, & font fort contens. Les Philofophes aperçoivent les mêmes objets : mais après être fortis de la Caverne, ils aprofondiffent le myftère. Les uns & les autres n'ont-ils pas eu le même plaifir ? Si le Savetier (1) Mycillus, dont Lucien fait mention, avoit pû paffer le refte de fes jours dans l'agréable fonge qui l'occupoit quand on le réveilla, eût-il pû fouhaiter une félicité plus accomplie ? Il n'y a donc point de différence entre les Fous & les Sages : s'il y en a, c'eft que les premiers font les plus heureux. Ils le font par deux endroits : l'un, parce que leur bonheur ne leur coûte rien ; un peu de prévention en fait l'affaire : l'autre, c'eft que mes Foux font heureux avec une infinité d'autres : or il n'y a point de plaifir d'avoir tout feul la poffeffion d'un bien. Les Sages font en fi petit nombre, que ce n'eft pas la peine d'en parler : s'en trouveroit-il feulement un ? Après une fi longue fuite de fiécles, les Grecs fe vantent que leur Pays a produit fept Sages : grand effort ! Le Genre-humain eft bien redevable à la fertilité de la Grece ! Il y en a donc eu fept ! mais n'ayez pas, s'il vous plait, la curiofité d'examiner leur

Philo-

---

(1) Mycillus.) *Au raport de Lucien, il étoit pauvre : ayant bien foupé chez un de fes voifins, homme de haute fortune, le Savetier rêva la nuit qu'il étoit devenu riche, qu'on le portoit fur les épaules, qu'il jouiffoit de tous les avantages de l'opulence. Mais fon Coq l'ayant réveillé par fon chant, Mycillus, fâché d'avoir perdu fon bonheur, fe mit fort en colère contre le Chantre aîlé, & le menaça.*

Philofophie à la rigueur : je jure par Hercule , &
que je meure, toute Déeſſe que je ſuis, ſi en ce cas-
là vous trouveriez ſeulement la moitié d'un Sage ;
vous n'en trouveriez peut-être pas le tiers.

Je veux me louer encore par un autre endroit.
Les Poëtes & les Buveurs inventent mille jolies
penſées à l'honneur de Bacchus. Ce qu'on peut
dire de plus glorieux pour ce Dieu , c'eſt qu'il
ôte la raiſon , & par conſequent les ſoins, les
inquiétudes, les chagrins, dont cette importune raiſon eſt une ſource inépuiſable. Mais
combien dure cette heureuſe apoplexie ? Dès-
que le vin eſt cuvé, on ne ſe ſent plus du bienfait ; on voudroit même ne l'avoir pas reçu. Il
en eſt tout au contraire du bien que je fais aux
Mortels. Je les enyvre, je leur ôte auſſi la Raiſon : mais mon yvreſſe eſt bien différente de celle
de Bacchus ; la mienne cauſe la joie , les délices,
le bonheur ; elle dure toute la vie, & elle ne coûte
ni argent, ni repentir.

Les hommes m'ont encore une obligation qui
m'eſt particuliére ; c'eſt qu'il n'y en a pas un qui,
plus ou moins, ne ſe ſente de ma liberalité. Les
autres Dieux partagent leurs faveurs entre les
hommes. Il ne croit point par-tout de ce vin
agrèable & fort, qui remplit l'ame la plus mé-
lancolique, de plaiſir, de courage & d'eſpérance.
Vénus accorde rarement le don de la beauté :
Mercure fait encore moins d'éloquens ; & Hercule de riches. Jupiter met peu de gens ſur le
Trône : Mars refuſe ſouvent ſon ſecours aux
deux Armées ; Apollon fait des réponſes affli-
geantes à quantité de ceux qui conſultent ſon
Oracle.

Oracle. Jupiter lance souvent sa foudre; Phébus envoi quelquefois la peste : Neptune fait périr plus d'hommes qu'il n'en sauve. Quant à ces noires Divinités qui ne sont d'aucun sécours; Pluton, le Dommage, la Peine, la Fiévre, & autres de cette nature, qui sont plûtôt des Bourreaux que des Dieux, ils ne meritent pas qu'on en parle. Il est donc vrai, que les autres Dieux ne sont pas bons & bienfaisans à tout le monde. Mais pour moi, qui suis la Déesse Folie, mon inclination obligeante, mon humeur bien-faisante embrasse également & généralement tous les hommes. Ce qu'il y a d'admirable, c'est que ma générosité n'est souillée d'aucun interêt : je ne demande ni vœux, ni offrandes : je ne suis point Déesse à me facher, à ordonner des victimes d'expiation, dès qu'on a omis quelque cérémonie de mon Culte : je ne trouble point le Ciel & la Terre pour me venger de quelqu'un qui, ayant invité toute la Gent divine, m'a laissé me confondre chez moi, sans daigner m'apeller au festin de l'odeur & de la fumée de son sacrifice. Il faut que je le dise, en passant, à la honte de la condition immortelle : les Dieux sont si bizarres, ils sont si bourrus, qu'il vaudroit presque mieux les laisser là, que de les adorer : ce seroit au moins le plus sûr. On devroit en agir avec eux, comme avec ces hommes intraitables, & qui querellent sur tout : point de commerce avec eux; leur amitié coûte trop chere.

Sur cela, on me raille : jusques à présent, dit-on, les hommes ne se sont point avisés de rendre à la Folie les honneurs divins : on ne lui con-

confacre point de Temple, on ne la nourrit point de la vapeur des victimes. A vous parler franchement, & je crois vous l'avoir déja dit, tant d'ingratitude m'étonne. Après tout, je ne m'en foucie guères, & fuivant ma complaifance naturelle, je prens la chofe du bon côté. Il y auroit même de la Sageffe à moi, & je ferois indigne d'être la FOLIE, fi je fouhaitois ces honneurs divins. On m'offrira fur un Autel, quoi? Un grain d'Encens, de la farine falée, un Bouc, un Cochon; & ces bêtes innocentes feront égorgées pour me réjouir l'odorat? Belles bagatelles! J'ai un Culte, moi; oui j'en ai un auffi étendu que le Monde: tous les hommes me le rendent: & il n'y a pas jufqu'aux Theologiens, qui ne le fortifient de leur aprobation. Je n'ai pas la cruelle & barbare ambition de Diane, qui fe plait à des victimes humaines: je me crois révérée & fervie très-religieufement, quand je vois que de tous côtés on me porte dans le cœur, on m'exprime par les mœurs, on me repréfente par la conduite.

A propos du Culte: celui que les Chrétiens rendent à leurs Saints, roule fort rarement fur l'amour & fur l'imitation. Quelle foule de gens qui attachent des cierges aux pieds de la Vierge Mere de Dieu, & cela en plein midi! Mais pour ceux qui fuivent fes exemples de chafteté, de modeftie, de zèle pour l'interêt du Ciel, il n'y en a prefque point. Ce feroit pourtant-là le vrai Culte de la Nobleffe du Paradis, & celui qu'elle aimeroit le mieux.

De

De Plus, qu'ai-je à faire d'un Temple particulier? J'en ai un si vaste, si beau! c'est toute la Terre. Je ne manque de Prêtres & de Ministres, que dans les lieux où il n'y a point d'hommes. Ne me croyez pas assez extravagante, pour me soucier de Statuës & de Tableaux : ces Figures sont d'une conséquence bien dangereuse pour notre Culte. Il arrive souvent, que ces Dévots de chair & de sang prennent la Statuë pour le Saint; & alors nous nous trouvons honteusement dans le cas d'un homme qui se voit suplanté par son Vicegérent. Tous les Mortels sont mes Statuës, & ils me représentent au naturel, quand même ils ne voudroient pas. Je consens donc très-volontiers, que les autres Dieux ayent leurs Temples, l'un dans un coin de la Terre, l'autre dans un autre coin ; & qu'ils ne soient célebrés que certains jours de l'année. Qu'on adore Phébus à Rhodes, Vénus en Chipre, Junon à Argos, Minerve à Athenes, Jupiter sur le Mont Olympe, Neptune à Tarente, Priape à Lampsaque : mon sort divin sera toujours plus glorieux que le leur , tant que la Terre sera mon Temple , & tous les hommes mes victimes.

Il semble qu'en cela j'avance impudemment un mensonge. Vous allez voir que non. Réfléchissons un peu sur la vie humaine ; & sie je ne prouve point que je suis la Déesse à qui les hommes ont le plus d'obligation , & celle aussi qu'ils estiment davantage depuis le Sceptre jusqu'à la Houlette , je veux bien n'être plus la Folie. Je ne m'engage pas néanmoins à parcourir chaque

H

con-

condition ; la carriére feroit trop longue : je me contenterai d'indiquer les principales , d'où il fera facile de juger du refte.

Pour commencer par le Vulgaire , vous ne doutez pas qu'il ne foit tout à fait à moi : il abonde fi fort en toute forte de folies , il en invente tous les jours tant de nouvelles, que mille Démocrites ne pourroient pas fournir à s'en moquer ; encore ces mille auroient-ils befoin d'un autre Démocrite pour rire d'eux. On ne fauroit exprimer combien ces hommes tout matériels , tout machinaux , divertiffent les Dieux. Pour bien entendre cela , il eft bon que vous fachiez une chofe. Les Dieux font fobres jufqu'au diner ; ils emploient ce tems-là à déliberer en fe querellant , où à écouter les priéres des Mortels. Au fortir de table , comme le Nectar , dont ils ont bû à longs traits, leur envoie des fumées au cerveau , ils ne peuvent s'apliquer aux affaires. Que croyez vous qu'ils faffent pour fe remettre la tête ? Ils fe raffemblent tous au plus haut du Ciel : là étant affis , & regardant en-bas, ils éxaminent les différentes actions des hommes, & ils n'ont point de fpectacle plus réjouiffant. O Jupiter ! quelle agréable & rifible Comédie , que tous ces divers mouvemens des Foux ! Car je me trouve auffi quelque fois à cette féance des Dieux.

L'un aime éperdument une femmelette ; & moins il en eft aimé , plus la fureur de l'amour le tourmente. L'autre époufe la Dot , & non pas la fille. Celui-là proftituë fon epoufe. Celui-ci poffedé du Démon de la Jaloufie , veille en Argus fur la conduite de fa Moitié. Quelles
fotti-

sottises ne dit-on point, ne fait-on point, dans le deuil, jusqu'à payer des Pleureurs mercenaires, qui font comme les Acteurs de la Farce? Beaucoup de joie dans le cœur, grande affliction sur le visage; c'est, comme les Grecs disoient en proverbe, c'est pleurer sur le tombeau de sa Belle-mere. L'un, ramassant tout ce qui lui apartient, en fait présent à son estomac, au risque de mourir de faim après s'être contenté. L'autre met tout son bonheur à dormir & à ne rien faire. Il y en a qui, toujours en action pour les affaires des autres, negligent leurs propres affaires. Il en est qui empruntent pour s'acquitter, & qui, lors qu'ils se croient en fortune, se trouvent abimé s de dettes. Ce pauvre ne conçoit pas un plus· grand bonheur, que d'enrichir son héritier Cet affamé de biens court les mers pour un profit leger & incertain, abandonnant aux vagues & aux vents une vie qu'il ne peut racheter de tout l'argent du monde. Cet autre, alteré de sang, qui pourroit jouïr chez lui d'un sûr & agréable loisir, aime mieux chercher la fortune à travers les dangers & les honneurs de la Guerre. On se flate d'une grosse succession; si on peut s'emparer de l'esprit de ce Vieillard qui va mourir sans heritiers, ou si on a l'adresse de gagner les bonnes graces de cette riche Vieille: mais que les Dieux rient de bon cœur, quand ces Pêcheurs d'argent se prennent dans leurs propres filets!

Les plus fous & les plus méprisables Acteurs du Théatre de la Vie humaine sont les Marchands. Rien de plus bas que leur profession,

& ils l'éxercent d'une vilaine maniére : ils font ordinairement menteurs, parjures, voleurs, trompeurs, impofteurs ; & nonobftant tout cela, fort confiderés, à caufe du coffre-fort. C'eft principalement à ces mauvais riches que les gros & gras Moines Mendians font fi dévôtement la Cour : ils les abordent avec un refpect doucereux, leur donnent hautement le titre de vénérable ; & cela, pour attraper une petite part du bien mal-acquis. Vous voyez dans un autre endroit les Sectateurs de Pythagore, qui tenant avec ce Philofophe, que tous les biens font communs, regardant comme un cafuel légitime tout ce qu'ils peuvent dérober. Il y en a qui ne font riches qu'en efpérance : ils fe forgent d'agréables fantômes de fortune, & ils croient que cela fuffit pour vivre heureux. Quelques-uns font ravis de paffer pour fort opulens, quoiqu'ils n'ayent pas même le néceffaire. L'un fe hâte de fe ruïner ; l'autre amaffe à toute main. Cet Ambitieux s'agite pour entrer dans les Charges ; & cet Indolent n'aime rien tant que le coin de fon feu. Les Plaideurs s'irritent par la longueur de la pourfuite ; & les Parties femblent difputer à l'envie : à qui enrichira le mieux un Juge qui ne vife qu'à prolonger le procés, & un Advocat prévaricateur. Le Brouillon, le Séditieux court après les nouveautés ; & l'Inquiet médite de grandes entreprifes. Tel va à Jérufalem, à Rome, à Saint Jaques, où il n'a que faire ; pendant que fa femme & fes enfans auroient grand befoin de fa préfence.

Enfin,

Enfin, fi vous pouviez découvrir, du Monde de la Lune, les agitations innombrables des hommes, vous verriez comme une groffe nuée de mouches & de moucherons qui fe querellent, qui fe battent, qui fe tendent des piéges ; qui s'entre-pillent, qui jouent, qui folâtrent, qui s'élèvent, qui tombent, qui meurent. Non, vous ne pourriez jamais vous imaginer les mouvemens, le vacarme, le tintamarre, que l'Homme, ce petit animal, qui par raport à une durée infinie n'a qu'une minute à vivre, excite fur la furface de votre Globe. Encore n'eft-elle pas affurée cette minute : combien la maladie, la guerre, tant de miliers d'autres accidens, en avancent-ils la fin ? Mais je ferois extravagante au fouverain degré, & je mériterois que Démocrite fe moquât de moi à gorge déployée, fi j'entreprenois d'achever ie détail des folies & des fureurs du Vulgaire. Venons donc à ceux qui gardent chez les hommes l'aparence de la Sageffe, & qui courent après ce Rameau d'or, comme ils parlent.

Les premiers qui fe préfentent, font les vénérables Docteurs en Grammaire, autrement les Pédans : gens nés dans la disgrace du Sort, & dans la colère des Dieux ; gens dont on ne pourroit dèplorer affez la deftinée, fi moi, qui ai pitié de leur malheur, je n'adouciffois leurs peines par un certain genre de folie. Voulez-vous la connoître ? Suivez-moi. Ces graves Maîtres font comms livrés aux furies : toujours affamés, toujours fales dans leurs Ecoles, ou pour mieux dire dans leurs Galeres, dans leurs lieux

H 3

de

de fuplice & d'éxecution; au milieu d'un trou-
peau d'enfans, ils vieilliffent dans le travail, ils
deviennent fourds à force de crier, la puanteur
& la mal-propreté les rendent étiques. Ne les
plaignez-vous point? Gardez-vous en bien: j'ai
remedié à leur mal; & par mon moyen, les Pédans fe croient les premiers hommes du Monde.
Si vous faviez! Ils goûtent un fi grand plaifir à
faire trembler leurs timides Sujets, par un air
menaçant, par une voix tonnante : armés de
ferules, de verges, d'étriviéres ils n'ont qu'à
décider fur le chatiment : étant à la fois Parties,
Juges & Bourreaux, ils reffemblent (1) à l'Ane
de la Fable, qui fe croyoit toute la valeur du
Lion, parce qu'il en avoit la peau. Ils font gloire de leur craffe; leur faleté eft un parfum pour
eux : & fe regardant comme des Rois, dans
le plus malheureux de tous les Efclavages, ils
ne voudroient pas changer leur Tyrannie avec
celle (2) de Phalaris, (3) ou de Denys. Ce qui
les rend principalement heureux, c'eft la haute
idée qu'ils ont de leur Erudition : ils ne fement

que

---

(1) A l'Ane.) *Ayant trouvé la peau d'un Lion, il
s'en fit un Surtout, & on en avoit peur fous cet ha-
bit-là : mais, reconnu à fes grandes oreilles, il fut ramené à coups de bâton dans fon Etable.*

(2) De Phalaris.) *Tyran d'Agrigente, fort cruel.*

(3) De Denys.) *Tyran de Syracufe. Ses Sujets
l'ayant chaffé pour fes cruautés, il alla à Corinthe,
où il fe fit Maître d'Ecole, difant, qu'il ne pouvoit
vivre fans dominer. Il fut auffi mauvais Pédant qu'il
avoit été méchant Roi.*

que des impertinences, que des fottifes dans l'efprit des Enfans ; & cependant ils font tellement prévenus de leur habileté, qu'ils méprifent même ceux de leur ordre qui ont eu le plus de réputation. Ils paffent auffi chez les parens de leurs Sujets pour des hommes d'une Science profonde ; ces fots croyant bonnement tout ce que nos Pédans leur difent. Ces Régens jouïffent encore d'une autre forte de plaifir : quelqu'un d'eux a-t-il trouvé dans un vieux Manufcrit tout rongé des vers quelque mot inconnu ; a-t-il déterré quelque morceau d'une ancienne pierre, fur la quelle il y a des lettres tronquées ? ô Jupiter ! quel tréffailliffement de joye, quel triomphe, quel aplaudiffement ! Scipion ne fut pas plus content d'avoir fini la Guerre d'Afrique, ni Darius d'avoir fait la conquête de Babylone. Quelle volupté pour ces Scoliaftes, lorsqu'allant de porte en porte lire leurs Vers plats, infipides, pitoyables, ils ne laiffent pas de trouver des admirateurs ! Alors ils ne fe croyent pas moins que de nouveaux Virgiles : je ne fai même, s'ils ne fe flatent point que l'efprit de ce grand Poëte anime leur cervelle. Le meilleur de tout, c'eft quand ils fe rendent louange pour louange, admiration pour admiration, gratterie pour gratterie. Si un homme du métier s'eft trompé fur la Syntaxe, & qu'un autre Pédant plus clair-voyant s'en aperçoive ; (1) ô Hercule ! que
de

_____

(1) O Hercule.) *Cette exclamation eft d'un homme qui crie au fecours, parce que les Payens avoient coutume d'invoquer ce Dieu dans leurs malheurs.*

de bruits auſſi - tot , combien de diſputes , d'injures, d'invectives ! Ecoutez, je vous prie, un
fait impitoyable ; l'Hiſtoire en eſt vraye, & je
veux avoir tous les Grammairiens à dos, ſi je
ments : voyez quel horrible ſerment ! Je connois un homme qui ſait tout, le Grec, le Latin,
les Mathematiques, la Philoſophie, la Medecine , il excelle en tout cela ; & il a déja ſoixante
ans.   Devineriez-vous bien à quoi ce Docte
univerſel s'occupe , depuis environ vingt années ? Ayant laiſſé-là toutes ſes acquiſitions de
Savoir, ils s'attache uniquement à la Grammaire,
& il y tient ſon eſprit dans une torture continuelle.   Il n'aime la vie que pour avoir le tems d'é-
claircir une des difficultés de cet Art important ;
& il mourra content , dès qu'il aura inventé un
moyen ſûr pour diſtinguer les huit Parties du
Diſcours , de quoi, ſelon lui, ni les Grecs ni
les Latins n'ont pû encore venir à bout.   Le
ſujet, comme vous voyez, eſt de la derniere conſéquence pour le Genre-humain.   Quoi ! être
toujours en dangers de prendre une Conjonction
pour un Adverbe ? Cela mériteroit une guerre
ſanglante.   Or vous remarquerez, qu'il y a autant de Grammaires que de Grammairiens.   Al-
de , un de mes Favorits dans ce genre-là , n'en a
donné que cinq pour ſa part.   Nôtre entêté les
lit toutes , quelque hériſſées , quelque rebutan-
tes qu'elles puiſſent être ; il les éxamine toutes à
fond , portant envie à tous ceux qui ſe mêlent
d'écrire ſur cette matiére là , & tremblant toujours qu'on ne lui faſſe perdre ſa gloire , & le
fruit de ſes longs travaux.   Que vous ſemble de

ce

ce bizarre Savant ? Eſt-ce folie ? Eſt ce fureur ? Ce ſera tout ce qu'il vous plaira, pourvû que vous m'accordiez une choſe, ſavoir, que le Grammairien, cet animal ſurchargé d'infortunes, eſt par un effet de ma bonté ſi content, ſi amoureux de lui-même, qu'il ne voudroit pas changer d'état avec les plus riches & les plus puiſſans Rois.

Les Poëtes ne m'ont pas tant d'obligation. Ce n'eſt pas qu'ils ne ſoient fous ; mais c'eſt qu'ils ſont en droit & en poſſeſſion de l'être. Il y a long-tems qu'on l'a dit : *Les Poëtes, & les Peintres ſont une Nation libre.* Les Faiſeurs de Vers font conſiſter tout leur Art à débiter de pures ſottiſes, des Contes ridicules, des Fables abſurdes, pour divertir les fous. C'eſt pourtant ſur ces fadaiſes, qu'ils ſe promettent l'immortalité, & qu'ils la promettent aux autres. L'Amour propre & la Flaterie ſont leurs fidèles Conſeilléres ; & pour moi, je n'ai point d'adorateurs plus ſincères, ni plus conſtans.

Les Orateurs ſont auſſi des nôtres. Ce ne ſont pas mes plus fideles Sujets, je l'avoüe ; ils s'entendent un peu avec les Philoſophes : mais outre qu'étant inſpirés auſſi de l'Amour-propre & de la Flaterie, ils ſont féconds en ſottiſes ; les plus célèbres d'entre eux n'ont-ils pas écrit ſérieuſement ſur la maniére de plaiſanter ? L'Auteur, quel qu'il ſoit, qui adreſſe à Herennius *l'Art de parler*, compte la Folie même entre les différentes eſpèces de la Raillerie. Quintilien, ce Coryphé des Rhéteurs, a fait ſur le Ris un Chapitre plus ample que l'Iliade d' Homere. Selon ces Ecrivains la Folie a plus de

H ſ

vertu

vertu que la Raifon ; & il ne faut qu'une bonne plaifanterie , pour détruire le meilleur raifonnement.   Enfin poffeder l'art de faire éclater de rire par d'agreables faillies , fi cela n'eft pas de mon reffort , je ne m'y connois point.

Voici d'autres gens , à peu près de la même tournure : ce font ceux qui cherchent dans leurs ouvrages de tète & de plume une éternité de réputation.   Généralement tous ces Ecrivains m'apartiennent; mais principalement ceux qui ne publient que des fottifes.   Quant aux Auteurs qui fe piquent de n'écrire que pour le bon-goût, & qui confentent même d'abandonner leurs Livres à la critique (1) de Perfe & de Lelius, ils font plus de pitié que d'envie : toujours l'éfprit à la torture ils penfent & rèpenfent, ils ajoutent, ils changent, ils retranchent & remettent, ils forgent & reforgent, ils font & défont, ils confultent ; & avec toutes ces peines - là il fe paffera peut-ètre neuf ou dix ans avant que le Manufcrit forte de la preffe. Qu'ils font à plaindre ces malheureux Ecrivains ! Jamais content de leur travail ! Et quelle eft leur récompenfe ? Hélas ! un peu de fumée , l'approbation d'un très petit nombre de Lecteurs.   En bonne foi cela vaut - il la peine de facrifier fon fommeil , fon repos, fes plaifirs , enfin toutes les douceurs de la vie ? Ajoutons , que ces Chercheurs d'immortalité
imagi-

---

(1) De Perfe & de Lelius.) *Le Poëte Lucius recu-foit ces deux habiles Juges , difant , qu'il n'écrivoit que pour des fots.*

imaginaire ruïnent leur fanté, deviennent pâles, maigres, chaffieux, quelquefois aveugles ; s'attirant beaucoup d'envie, fans fortir de la craffe de la pauvreté ; avançant leur vieilleffe & leur mort.   Encore une fois, c'eft ainfi que le Sage croit ne pouvoir jamais acheter affez l'honneur d'être loué de deux ou trois perfonnes de la forte.

Mais parlez - moi d'un Auteur qui écrit fous mes aufpices, & dont je fuis la Minerve.   Il ne connoit ni méditation, ni tranchée de cervelle, ni veilles : tout ce qui lui vient dans l'efprit, lui femble admirable, & à peine fa plume peut-elle fuivre fon imagination : il met toutes les impertinences qui fe préfentent, & il n'a point regret au papier, fachant bien qu'en ne publiant que des fottifes, il aura pour aprobateurs tous les fous & tous les ignorans.   Cet homme-là n'eft-il pas un vrai bien-heureux ? Il faut donc, direz-vous, qu'il renonce abfolument à l'encens des Habiles & des Doctes ? Affurément le facrifice eft fort grand ! Rarement ces fins & favans Critiques lifent mon homme : mais quand tous le liroient, les méprifer pour ne s'attacher qu'aux fous, qu'aux ignorans, c'eft perdre quelques fuffrages pour gagner prefque tout le Genre humain : y a-t-il là à balancer ?

Les Plagiaires néanmoins l'entendent encore mieux : il leur eft fort aifé de s'aproprier les Ouvrages des autres, & de jouïr d'une gloire, que ceux à qui ils la volent, n'ont acquife qu'à
force

force de travail. Ces impudens n'ignorent pas, que tôt ou tard on découvrira leur brigandage: mais ils espérent en profiter, du moins pendant quelque tems. C'est un plaisir, de voir leur air content quand on leur donne des louanges; quand ils entendent dans les ruës, *Tenez, le voilà cet homme admirable:* quand ils se voient bien reliés, bien conditionnés dans la boutique d'un Libraire. Leurs noms paroissent à la tête de chaque page; il y en a tout au moins trois, deux desquels sont étrangers, & ressemblent à des mots magiques. Ces noms ne signifient rien, & ne sont en effet que des noms: d'ailleurs, en égard à la vaste étenduë de la Terre, il y a très peu de gens qui connoissent ces noms-là; encore moins qui en fassent cas, le goût n'étant pas plus uniforme chez les ignorans que chez les habiles. Il arrive même souvent, que ces noms sont forgés, où qu'on les emprunte des Anciens: Telemaque, Stelene, Laërce, Polycrate, Thrasymaque, &c. Nos Plagiaires se font un grand honneur de resusciter ces noms morts, & de les adopter. Ils feroient tout aussi bien de se nommer Cameleon, Citrouile; ou suivant l'usage de quelques Philosophes d'intituler leurs Livres, *A & B.* Mais rien au monde n'est plus joli, que de voir ces Anes s'entre-gatter dans les Lettres, dans la Poësie, dans les Eloges. Vous surpassez Alcée, dit l'un; & vous Calimaque, répond l'autre: vous éclipsez l'Orateur Romain; & vous, vous effacez le divin Platon. Quelquefois aussi ces Champions se défient au coup de lance; & ils entrent en lice, pour augmenter leur re-
nom-

nommée par l'emulation. Le Public, en fuf-
pens, ne fait quel parti prendre fur la difpute :
mais la conclufion ordinaire, c'eft que les braves
Antagoniftes ont fait merveilles, & qu'ils méritent tous deux le laurier de la Victoire, & les
honneurs du Triomphe.   Vous vous moquez de
ces Fous, Meffieurs les Sages, & vous n'avez
pas tort : mais vous ne fauriez me contefter, que
c'eft moi qui fais tout le bonheur des méchans
Ecrivains & des Plagiaires, bonheur qu'ils pré-
férent à toute la gloire des Héros.   Ces Habiles
que je vois rire de fi bon cœur, & jouïffent de
l'extravagance des autres, croient-ils donc ne
m'avoir aucune obligation ? Il faudroit qu'ils fuf-
fent, ou bien aveugles, ou bien ingrats.   Paffons
légérement en revuë les Profeffions des Doctes.

Les Jurisconfultes prétendent l'emporter fur
tous les autres : & il n'y a pas de gens qui pri-
fent tant leur Art.   Cet Art n'eft pourtant, dans
le fond, qu'un travail (1) de Sifyphe.   Ils font
quantité de Loix, qui n'aboutiffent à rien.   Le
Digefte, le Code, tant d'autres gros volumes
qu'eft-ce que tout cela? un fatras de Commentaires, de Glofes, de Citations.   Par-là ils font
accroire au Vulgaire, que de toutes les Sciences,
il n'en eft point qui demande un génie plus fubli-
me, ni plus laborieux, que la leur; & comme
on

)1) De Sifyphe.) *Comme ce Damné des Poëtes paffe*
tout fon temps à rouler, jufqu'au fommet d'une mon-
tagne, une groffe pierre, qui retombe auffi-tôt ; de mê-
me les Jurisconfultes fe donnent beaucoup de peine pour
rien.

on trouve toujours beau ce qui paroit difficile, les fots admirent cette Science-là.

Les Logiciens & les Sophiftes viennent ici fort à propos.   Ces gens-là retentiffent plus que tout l'airain (1) de Dodone ; & il n'y en a pas un qui ne caufe plus lui feul que vingt Femmes enfemble, quand on les choifiroit tout exprès pour exceller en babil.   Il feroit à fouhaiter pour eux, qu'ils n'euffent que le défaut d'avoir trop de langue : mais comme s'ils étoient pétris de bile, ils querellent, ils s'échauffent fur un rien ; & à force de difputer pour le Vrai (à ce qu'ils prétendent,) ils perdent la Vérité.   Ces Chicaneurs éternels n'en font pas moins contens d'eux-mêmes : au lieu d'épée, mettant l'argument à la main, ils défient au combat qui que ce foit, & fur quoi que ce foit.   L'opiniâtreté eft pour eux un bouclier impénétrable : ils ne cedent jamais, quand ils auroient à faire à (1) un Stentor.

Suivent les vénérables Philofophes ! Ne manquez pas au refpect dû à leur barbe, & à leur manteau.   Ils fe vantent, que toute la Sageffe eft renfermée dans leur petit Troupeau.   Excepté

---

(1) De Dodone.) *Il y avoit dans le Temple dédié à Jupiter un endroit ou plufieurs chauderons d' airain étoient tellement difpofés, qu'en frapant fur le premier, le fon fe communiquoit fucceffivement jufqu'au dernier ; ce qu'on a pris pour le fymbole des querelleurs.*

(1) Un Stentor.) *Homere le repréfente comme le plus grand des Criards, & dont la voix égaloit les voix de cinquante hommes.*

cepté nous, difent-ils fiérement, tous les hommes ne font que des ombres d'humanité. Tirons ce rideau d'orgueil & de préfomption : que font les Philofophes? D'agréables fous. On ne peut tenir fon férieux, lorsqu'on les entend foutenir gravement la pluralité des Mondes : le Soleil, la Lune, les Etoiles, les Globes, tous ces vaftes Corps leur font connus comme s'ils les avoient mefurés avec le pouce, ou avec un fil : ils vous rendent raifon des Tonneres, de Vents, des Eclipfes, & de tous les autres myftères de la Phyfique; ils ne héfitent fur rien : on s'imagineroit, qu'ils étoient du Grand Confeil des Dieux, qu'ils étoient les Secretaires de la Nature, lorsque tout paffa du Néant à l'Etre. Cependant cette habile Ouvriére de l'Univers fe moque de leurs conjectures. En effet, il fuffit de réflèchir fur l'étrange contrarieté de leurs fentimens, pour tomber d'accord, qu'ils n'ont aucune connoiffance certaine. Ils fe vantent de favoir tout, & ne s'accordent fur rien. Les Philofophes ne fe connoiffent pas eux-mêmes : pendant qu'ils s'élèvent aux plus hautes fpéculations, ils tombent dans une foffe qu'ils ne voyoient pas, où ils fe caffent la tête contre une pierre. Quoiqu'ils fe foient gâté la vûe à force de regarder la Nature de trop près, & quoique leur efprit foit presque toujours en voyage, ils ne laiffent pas de bien diftinguer les Idées, les Univerfaux, les Formes fubftantielles, la Matiére premiere, les Ecceïtés, les Quiddités, les Entités, tous objets fi menus, que, fi je ne me trompe, on ne

pour-

pourroit pas les apercevoir avec des yeux de Lynx.   Mais jamais ils ne marquent plus de mépris pour le profane Vulgaire, que dans les Mathématiques : ce font des Triangles, des Quarrés, des Cercles, & d'autres figures femblables ; ils les mêlent & les confondent en forme de labyrinthe : ce font auffi les Lettres rangées comme un Bataillon féparé en plufieurs Compagnies.   C'eft par ces mommeries qu'ils éblouiffent les fots.   N'oublions pas les Aftrologues. Ces heureux Clairvoyans ont le Ciel pour Bibliothéque, & les Aftres pour Livres.   En vertu de cette étude., ils font fûrs de l'avenir, ils l'annoncent, ils prédifent des chofes dont les meilleurs Magiciens n'oferoient fe mêler : & le bon de l'affaire, c'eft qu'ils trouvent des Difciples, & qu'ils font des Perfuadés.

Parlerai-je des Théologiens ? Ce ne fera pas fans crainte : la matiére eft délicate, & il vaudroit peut-être mieux ne pas toucher cette corde-là. Ces Interpretes de la Langue célefte prennent feu comme le falpetre ; ils ont le fourcil terriblement élevé : en un mot, ce font de dangereux ennemis.   Avez-vous encouru leur difgrace ? Ils fe jettent fur vous comme des Ours en fureur ; ils s'y acharnent, & ne lachent prife qu'après vous avoir obligé, par une enfilade de conféquences bonnes ou mauvaifes, à vous faire chanter la palinodie.   Refufai-je de me dédire ? Tout auffi-tôt la Folie eft Hérétique, mais non brûlable, car je fuis Déeffe.   C'eft en montrant cette foudre, c'eft en criant à l'Hérétique, à l'Athée, qu'ils font trembler ceux qu'ils n'aiment

ment pas. Quoiqu'il n'y ait pas de gens au Monde qui affectent plus de méconnoitre mes bienfaits, il est pourtant vrai qu'ils me font très-redévables. J'ai ordonné à ma Philavtie, à la Déesse *Amour-propre* de les favoriser plus que les autres hommes; & effectivement, ils font ses Mignons. Comme si ces Anges corporels étoient établis dans le troisiéme Ciel, ils regardent du faite de leur élévation tous les Mortels comme des bêtes rampantes, & ils en ont pitié. Environnés d'une Troupe de Définitions magistrales, de Conclusions, de Corollaires, de Propositions explicites & implicites, ce qui compose la Milice de l'Ecole sacrée, ils trouvent tant de moyens d'échaper, que Vulcain même ne pourroit pas les retenir, eût-il le filet dont il se servit pour montrer aux Dieux sa nouvelle paire de cornes. 'Il n'y a point de nœuds que ces Messieurs ne coupent du premier coup avec le couteau du *Distingo*, couteau formé de tous ces termes monstreux qui font nés dans le sein de la subtilité Scolastique.

Voyons nos Oracles dans leur plus sublime fonction : voyons les interpreter les mystères cachés de la Doctrine du salut. S'agit-il de la Création, du Péché originel, de l'incarnation, de l'Euchariftie ? ces matiéres font trop rebatues ; il faut les laisser aux Aprentis Théologiens. Mais voici les Questions dignes des grands Maitres, des Maitres illuminés, comme ils disent : aussi, dès qu'ils tombent sur ces sujets-là, ils se réveillent, ils se raniment. Or écoutez quelques-unes de ces fines & importantes interrogations.

I

Y a-

Y a-t-il un inftant dans la Génération Divine? Jéfus-Chrift a-t-il plufieurs filiations? Cette propofition, *Dieu le Pére hait fon Fils*, eft-elle poffible? Dieu a-t-il pû s'unir perfonnellement avec une Femme, avec le Diable, avec un Ane, avec une Citrouille, avec un Caillou? En cas que Dieu fe communiquât à la nature citrouillere, comme il a fait à la Nature humaine, comment cette heureufe & divine Citrouille prêcheroit-elle, feroit-elle des miracles, feroit-elle crucifiée? Qu'eft-ce que S. Pierre auroit confacré, s'il avoit dit la Meffe lorsque le Corps de Jéfus-Chrift pendoit encore à la Croix? Pouvoit-on dire dans ce tems-là, que le Sauveur étoit un vrai Homme? Sera-t-il permis de boire & de manger après la Réfurrection? Ce doute-la tient beaucoup au cœur à ces Meffieurs, & l'affirmative de la Queftion les accommoderoit bien. Ne font-ce pas-là de belles fleurs; & l'Arbre Théologique, qui en eft tout couvert, ne doit-il pas porter des fruits excellens?

Ils ont encore bien d'autres fubtilités plus pointuës: les inftans de la Génération divine, les notions, les relations, les formalités, les quiddités, les eccéités tant d'autres chiméres de cette nature: je défie qui que ce foit de les apercevoir, à moins qu'il n'eût la vuë affez perçante pour diftinguer à travers les ténèbres les plus épaiffes des objets qui ne font nullepart. Joignons à tout cela leur Morale outrée, & fi contradictoire, que les Paradoxes des Stoïciens n'étoient, en comparaifon, que de la drogue de Charletan. Par exemple: *Ce feroit*

roit (1) *un moindre crime d'égorger mille hommes, que de racommoder le soulier d'un Pauvre le Dimanche. Il vaudroit mieux laisser rentrer dans le néant l'Univers & toutes ses dépendances, que de dire le moindre mensonge.* Ce qui subtilise encore ces très profondes subtilités, ce sont toutes ces différentes routes de l'Ecole : vous sortiriez plus aisément d'un labyrinthe, que vous ne vous débarasseriez des envelopes des Réaux, des Nominaux, des Thomistes; des Albertistes, des Occanistes, des Scotistes. . . . ah! je perds halaine; & cependant, ce ne sont là que les principales Sectes de l'Ecole : vraiment, il y en a bien d'autres ! Combien pensez - vous qu'il y ait de sciences & d'épines dans tous ces Partis-là ? Si les Apôtres descendoient ici-bas, & qu'ils fussent obligés de disputer avec les Théologiens modernes sur ces hautes matiéres , je crois qu'il faudroit aux Apôtres tout un autre Esprit que celui qui les faisoit parler. Saint Paul avoit de la Foi : mais quand il dit, *la Foi est la substance des choses à esperer, & l'argument de ce qui ne paroit point*, sa définition n'est pas assez magistrale. Le même Apôtre étoit embrasé du feu de la Charité : mais il n'a ni défini, ni divisé en bon Logicien, cette Vertu, au XIII. Chapitre de sa I. aux Corinthiens. Les Apôtres consacroient avec dévotion, avec pieté, le Sacrement de l'Eucharistie : mais s'il leur eût falu

éclair-

______

(1) *Un moindre crime.*) *Leur raison est, que tuer ne regarde que le Prochain : mais violer le dimanche cela regarde Dieu immédiatement.*

éclaircir le mouvement local de la Confécra-
tion, la Tranfubftantiation, la reproduction,
c'eft à dire, comment un même corps peut
être en même tems en plufieurs lieux; avec
quelle difference le corps de Chrift eft au Ciel,
fut fur la Croix, & eft dans le Sacrement; à quel
inftant la Tranfubftantiation peut fe faire, puisque les paroles *facramentales*, comme ils parlent, étant compofées de fyllabes & de mots,
ne peuvent fe prononcer que fucceffivement,
fi, dis-je, ces premiers Théologiens du Chriftia-
nifme avoient eu à réfoudre ces difficultés, je
crois qu'ils auroient eu grand befoin du fecours des Scotiftes, qui font de vrais Argus
dans *l'Ergotifme*. Les Apôtres avoient l'honneur de connoitre la Mére de Jéfus, aucun
d'eux en a-t-il fu autant que nos Théologiens?
Ils ont prouvé géometriquement, que cette Fille
féconde avoit été préfervée de la contagion du
Pére Adam. Saint Pierre a reçu les Clefs, & les
a reçu de l'Homme-Dieu, qui n'étoit pas pour les
mettre en mauvaife main. Je ne fai pas trop fi
ce bienheureux Pêcheur favoit-ce que c'étoit, que
ces Clefs métaphoriques: toujours eft-il certain,
qu'il ne demanda pas à Dieu fon Maitre, comment
il fe pouvoit qu'un groffier & ignorant preneur
de poiffon eût la Clef de la Science? Les Apotres
batifoient de tous côtés: pourquoi n'ont-ils pas
enfeigné ce que c'eft que la Caufe formelle, maté-
rielle, efficiente du faint Batême? pourquoi ne
point faire mention des caractères effaçables, &
ineffaçables? Ils adoroient ces Fondateurs de la
Religion Chrétienne: mais leur adoration rou-
loit

loit uniquement sur ce Principe fondamental de l'Evangile, *Dieu est Esprit, & il faut que ceux qui l'adorent, l'adorent en esprit & en vérité.* Cela ne suffisoit pas : ils devoient prêcher aussi, que le Culte, nommé de *Latrie* dans l'Ecole, n'en est pas plus dû à Jésus-Christ en personne, qu'à ses Images barboüillées en charbon contre la muraille ; figures qui représentent le Fils de Dieu, les deux doigts du milieu étendus, comme donnant la bénédiction, là tête ornée d'une longue chevelure, & brillante de rayons : sans ces trois circonstances, l'Image ne seroit pas adorable. Mais à quelle source les Saints Apôtres auroient-ils puisé cette érudition salutaire ? Avoient-ils blanchi sous le harnois, avoient ils ferraillé tente ans dans l'Arene physique, ou métaphysique d'Aristote & des Scotistes ? Les Apôtres parlent quelquefois de la Grace, mais ils ne distingoient point la Grace gratuite, d'avec la Grace gratifiante. Ils exhortent aux bonnes œuvres ; mais ils ne mettent aucune différence entre l'action méritoire, & l'action qui opére par sa propre vertu. Ils recommandent la Charité, sur tous les autres préceptes : mais ils ne séparent point l'infuse, d'avec l'acquise ; ils n'expliquent point, si cette aimable & divine Vertu est Substance, ou accident ; si elle est créée ou incréée. Ils détestent le Péché : mais que je meure ! s'ils auroient pu définir savamment ce que nous apellons Péché, à moins qu'ils n'eussent été inspirés du Saint Esprit des Scotistes. Si Saint Paul, par qui on doit juger de tous les Apôtres, avoit eu une

I 3

bonne

bonne théorie du Péché, auroit-il condamné tant de fois les contentions, les débats, les queſtions, les diſputes de mots ? Franchement, il n'entendoit rien à la fineſſe d'eſprit, ni aux pointes de nos Modernes : & en effet, les Controverſes qui s'élevoient dans l'Egliſe naiſſante, n'étoient que des pauvretés, quand on les compare avec le rafinement des Meſſieurs nos Maitres; ils ſurpaſſent le Sophiſte Chryſippe. Rendons pourtant juſtice à leur modeſtie : ils ne condamnent pas abſolument ce que les Apôtres ont écrit avec peu de juſteſſe & de préciſion; ils ſe contentent de l'interpreter favorablement; voulant bien avoir cette honnète complaiſance, partie pour la vénérable Antiquité, partie pour l'Apoſtolat. Et puis, il feroit certainement fort déraiſonnable, de demander compte aux Apôtres, de ces hautes matieres, vû que leur divin Catéchiſte ne leur en jamais dit un mot.

On ne fait pas la même grace aux Chryſoſtomes, aux Baſiles, aux Jeromes, aux Péres de l'Egliſe; on leur met fort bien en apoſtille, *Cela n'eſt pas reçu.* Ces anciens Docteurs avoient à combattre les Philoſophes Payens, & les Juifs, gens fort opiniatres de leur nature; mais ils les refutoient plus par de pieux exemples, & par des Miracles, que par des argumens : & de plus, les premiers ennemis du Chriſtianiſme étoient d'un génie ſi borné, qu'ils auroient jamais pû concevoir aucun principe de Scot. Mais à préſent ? Payens, Infidèles, Juifs, Hérétiques, paroiſſez tous, ſi vous oſez; on vous en défie. Qui ne baiſſera pas la lance, qui ne
ſe

se convertiroit pas, étant couvert, & comme criblé de traits si pointus ? Il n'y aura que des hommes, ou trop stupides pour comprendre ces subtilités, ou assez impudens pour s'en moquer, ou munis des mêmes armes, qui accepteront le defi ; non, il n'y aura que ces gens-là qui refuseront de se rendre : alors il en seroit des derniers, comme si vous mettiez aux prises un Magicien avec un Magicien ; ou comme si quelqu'un, ayant une épée enchantée, se battoit contre un ennemi qui fût armé de même ; car en ce cas-là, ce seroit la toile de Penelope. À propos de combat : il me semble que les Chrétiens devroient changer de Troupes, dans leurs Guerres contre les Infidèles. Au lieu de cette lourde & grossiére Soldatesque, qu'ils employent depuis si long-tems inutilement aux Croisades, que n'envoient-ils contre les Turcs & les Sarasins, les Scotiques bruyans, les Occanistes entêtés, les Albertistes invincibles, & toute la Milice Sophistique qui soutiendroit ces Troupes règlées ? Ce seroit, je crois, une Bataille bien agréable ; on n'auroit jamais vû une telle Victoire. Qui seroit assez de glace, pour ne pas s'enflamer au feu de ces disputes ? Qui seroit assez pesant, pour ne pas avancer à la piqueure de ces éperons ? Qui auroit d'assez bons yeux, pour ne pas se laisser éblouïr par le grand jour de ces subtilités ? Vous prenez cela pour un badinage ? Vous avez raison. Cette Armée ne seroit pas si nombreuse que vous pensez. Il y a dans l'ordre des Théologiens, des hommes d'un savoir judicieux & solide, à qui ces subtilités, qu'ils

trai-

traitent de frivoles , & impertinences , font mal
au cœur : il en eſt même d'une conſcience ſi
tendre , qu'ils en ont horreur , comme d'une
eſpèce de ſacrilège.   Quelle horrible impieté ,
s'écrient-ils ?   Au lieu d'adorer la profondeur
de nos Myſtères , puisqu'ils ne ſont Myſtères
que pour cela , on veut les dévoiler.   Et comment ? Par des pointilleries auſſi froides que celles des Payens : on s'arroge inſolemment le
droit de définir , de diviſer des vérités incompre-
henſibles ; & on profane la Majeſté de la Théologie par des mots , par des ſentences qui n'ont
rien que d'inſipides , rien que de bas.

Doucement , ſenſés & religieux Critiques ;
point d'emportement de zèle ! auſſi bien vous
y perdrez votre Latin.   Ces *Ergoteurs* ſont ſi enflés du vent & de la fumée de leur Erudition vui-
de & toute verbale, qu'ils n'en démordront point.
Occupés jour & nuit à goûter la douceur de
leur chicane , ils ne ſe donnent pas même le
tems de lire une fois l'Evangile , ou les Epitres
de Saint Paul.   Cependant , apliqués à ces ſottiſes dans leurs Ecoles , ils ne laiſſent pas de s'i-
maginer que l'Egliſe tomberoit , dès qu'ils ceſ-
ſeroient de la ſoutenir : ils s'en croient les apuis ,
& les Atlas.   Autre grand ſujet de félicité pour
nos Diſputeurs : (1) l'Ecriture eſt entre leurs
mains ;

____

(1) L'Ecriture, &c) *Eraſme en veut ici à ceux qui ,
au lieu d'accommoder leur ſens à l'Ecriture , accommodent l'Ecriture à leur ſens : par exemple , ils entendent
figurément , par les deux épées de Saint Pierre , la double
puiſſance du Pape ; ce qui eſt amené par machine.*

mains; comme un morceau de cire: ils donnent à ce Livre des Oracles telle forme qu'il
leur plait: ils prétendent, que leurs décifions
fur les volumes facrés, aux quelles plufieurs
Scholaftiques ont déja foufcrit, foient plus re-
fpectées que les Loix de Solon, & qu'elles marchent même avant les Ordonnances des Papes:
ils s'érigent (1) en Cenfeurs du Monde; &
dès qu'on s'éloigne tant foit peu de leurs con-
clufions directes & indirectes, ils vous contrai-
gnent de vous retracter. Vous les entendez
prononcer fur le ton d'Oracle: *Cette propofition
eft fcandaleufe; celle. ci eft témeraire; celle - là
fent l'Héréfie; cette autre fonne mal.* Ainfi,
ni le Batème, ni l'Evangile, ni Paul, ni Pierre,
ni Jerôme, ni Auguftin, non pas même Tho-
mas d'Aquin, quoique grand Ariftotelicien,
tous ces Saints - là, dis je, pris enfemble, ne
fauroient faire un Ordodoxe, fans l'agrément
des Sieurs Bacheliers; tant leur fubtilité eft néceffaire pour bien juger de l'Orthodoxerie. Qui
fe feroit jamais défié que celui-là n'étoit pas
Chrétien, qui foutenoit que ces deux Propofitions, *Socrate tu cours, Socrate court*, étoient
également bonnes, s'il n'avoit plû aux favans
Théologiens d'Oxford de nous l'aprendre, en
foudroyant ces deux damnables Propofitions?
Comment l'Eglife auroit-elle été purgée de tant
d'Er-

(1) Cenfeurs.) *Le Cenfeur de Rome étoit Maitre &
Juge des mœurs, & à fa requifition, le Sénateur étoit
chaffé du Sénat, le Chevalier perdoit le Cheval public, &
le Plébeien étoit condamné à l'amende.*

d'Erreurs, puisqu'il n'étoit pas permis de les lire, avant qu'on eût apliqué sur les propositions condamnées le Grand Sceau de l'Université ? N'apellez - vous donc pas cela des gens heureux ? Poursuivons. Ces Docteurs en Rien débitent de si belles choses sur l'Enfer ! ils en connoissent les divers apartemens ; la nature & les différens degrés du feu éternel ; les divers emplois des Diables : enfin, ils parlent de la République des Damnés, comme s'ils en avoient été membres pendant plusieurs années. De plus, ils créent de nouveaux Cieux, lorsqu'ils le jugent à propos : sur-tout, le dixiéme Ciel, qu'ils nomment *Empyrée*, & qu'ils ont bâti tout exprès pour les Bienheureux. Ah qu'il y fait beau & bon ! Au reste, n'étoit-il pas juste, que les Ames glorifiées eussent un vaste & charmant séjour, où elles puissent prendre leurs ébats, faire des festins, & jouer à la paume ?

Nos Eplucheurs ont la cervelle si remplie, si agitée de toutes ces fadaises, que Jupiter n'étoit pas plus gros du cerveau, lorsque, voulant accoucher de Pallas, il implora la hache de Vulcain. Ne vous étonnez donc pas, si, dans les Disputes publiques, ils ont grand soin de se parer la tête de tant de bandes ; c'est pour empêcher, par ces liens honorables, que leur cervelle, surchargée de science, ne rompe de tous côtés. Je ne puis m'empêcher de rire, (jugez de là s'il y en a sujet, car la Folie trouve rarement du ridicule,) je ne puis donc m'empêcher de rire, quand j'écoute ces illustres Personnages : ils bégayent, plûtôt qu'ils ne parlent ; ils ne se

répu-

réputent tout à fait Théologiens , que lorſqu'ils ſavent parfaitement leur barbare & vilain jargon : il n'y a que ceux du métier qui puiſſent les entendre: mais ils en font gloire , diſant arrogamment , qu'ils ne parlent pas pour le Vulgaire profane. C'eſt, ajoutent-ils , c'eſt avilir la dignité de la ſainte Ecriture , de l'aſſujettir aux règles de la Grammaire , & aux vétilles du Puriſme. Admirons la majeſté des Théologiens ! A eux ſeuls permis de faire des fautes dans le Langage ; & il n'y a tout au plus que la canaille , qui ait droit de leur diſputer cette prérogative. Enfin , ils ſe placent immédiatement au-deſſous des Dieux ; & lorſque , par une vénération preſque religieuſe , on les apelle *Nos Maitres* , ils s'imaginent voir dans ce titre quelque choſe de ce nom ineffable compoſé de quatre lettres , qui étoit ſi adorable chez les Juifs. C'eſt dans cette prévention que, ſelon eux on doit toujours écrire ce *NOTRE MAITRE* en gros caractères : ce titre eſt même ſi myſtérieux , que ſi en Latin on renverſoit l'ordre des deux mots , & qu'on mit *Noſter* devant *Magiſter*, tout ſeroit perdu , ou du moins , l'honneur du Nom Théologique ſeroit bien gâté.

A la ſuite de ceux-là paroit la meilleure Eſpèce du genre Animal : ce ſont ces ſéqueſtrés qu'on apelle *Religieux* & *Moines*. Ce ne peut être à préſent que par un grand abus , qu'on les nomme ainſi. Communément parlant , il n'y a pas de gens qui ayent moins de Religion ; & puiſque *Moine* ſignifie *Solitaire* , à qui ce nom-là peut-il convenir plus mal qu'à des hommes

mes qu'on rencontre par-tout ? Que deviendroient-ils sans mon secours, ces pauvres Cochons des Dieux ? ils sont tellement haïs, qu'on les prend pour des oiseaux de mauvais présage ; il semble qu'on voye le Diable. Avec tout cela, ils s'aiment éperdument, ils sont fous d'eux-mêmes. Premiérement (1) leur principale dévotion est de ne rien savoir, non pas même lire. Ensuite, sans se mettre en peine d'entendre leurs Psaumes, ils se croyent assés doctes, d'en bien retenir le nombre ; & quand ils les chantent au Chœur, ils s'imaginent charmer le Ciel par leur Musique d'âne. Parmi ce monde bigarré de *Lucarniers*, il y en a qui font parade de leur crasse, & de leur mendicité : on les voit demander aux portes, mais d'un air aussi hardi que s'ils demandoient une dette : Auberges, Cabarets, Chariots, Barques, Voitures, ils importunent par-tout, au grand préjudice des Mendians ordinaires. C'est ainsi que ces grands donneurs de bénédictions prétendent par leur saleté, par leur ignorance, par leur grossiereté, par leur effronterie, prétendent, dis-je, nous repréfenter les Apôtres. Rien ne me divertit davantage, que cet ordre exact & précis qu'ils observent

servent

---

(1) Leur principale dévotion.) *Originairement les Moines étoient de francs ignorans, comme les Bénédictins, & les Compagnons de François d'Assise : il y en avoit encore du tems d'Erasme, qui regardoint la Science comme une irreligion, étant eux-mêmes plutôt des ventres que des hommes.*

ſervent dans tout ce qu'ils font : tout va chez eux par compas & par meſure. Tant de nœuds au Soulier ; la Sangle, d'une telle couleur ; la Robe, bigarrée de tant de piéces ; la Ceinture, de telle matiere, & de telle largeur ; le Coque-luchon, de telle forme, & de telle amplitu-de ; la Couronne, de tant de doigts ; manger à telles heures, de tels alimens, & en telle quanti-té ; ne dormir que tant de tems &c. Or vous ju-gez bien que cette grande uniformité ne peut pas s'accorder avec la varieté infinie des eſprits & des corps. C'eſt pourtant par ce dehors règlé, que les Moines non ſeulement mépriſent ceux qu'ils apel-lent les *Séculiers*, mais ſe font même entre eux de groſſes querelles ; & ces ſaintes ames, qui font profeſſion de la Charité Apoſtolique, s'entre-dé-chirent pour une Ceinture différente, ou pour une couleur un peu trop brune,

Il en eſt parmi ces *Réverends*, qui montrent l'habit de pénitence & de mortification ; mais qui ſe gardent bien de laiſſer voir leur chemiſe fine : d'autres au contraire portent la chemiſe ſur l'habit, & la laine deſſous. Les plus ré-jouïſſans, à mon avis, ſont ceux qui, à la vué des eſpèces monnoyés, reculent comme à celle d'une herbe venimeuſe : *Otez, ôtez:* ſe recri-ent-ils, *nous ne touchons point l'argent*. O les *Caffards!* Ils n'épargnent pas leurs cinq ſens de nature pour les femmes & le vin. Enfin, vous ne ſauriez croire combien ils s'étudient à ſe diſtin-guer en tout les uns des autres. Imiter Jéſus-Chriſt ? c'eſt de quoi ils ſe ſoucient le moins. Mais on les chagrineroit en leur diſant, vous

avez

avez pris cela & cela de tel & tel ordre. Dou-
tez-vous auſſi que cette énorme varieté de ſur-
noms & de titres ne les chatouille pas beaucoup ?
Les uns font gloire de ſe dire *Cordeliers ;* & ce
tronc a pour branches, les *Colets,* les *Mineurs,*
les *Minimes,* les *Bulliſtes.* Les uns font *Bénédictins :* les autres *Bernardins,* ceux-là, de
Sainte Brigide : ceux-ci, de *Saint Auguſtin :*
les uns *Guillemins :* les autres *Jacobins :* car
il ne ſuffit pas à toute cette Milice *enfroquée,*
d'avoir reçu le nom de Chretien. La plûpart de
ces gens là comptent ſi fort ſur leurs cérémonies, & ſur de petites traditions humaines, qu'ils
croient le Paradis au-deſſous de leurs mérites :
cependant Jéſus-Chriſt, ſans avoir égard à toutes
ces ſingeries, ne jugera les hommes que ſur la
Charité, qu'il apelle par excellence ſon Commandement. Au terrible jour du Jugement, ils pre-
ſenteront leurs ventres engraiſſés de toute ſorte
de poiſſons, le chant des Pſaumes, leurs Jeunes rigoureux, & qui ont mis leur vie en danger : l'un produira un tas de pratiques monaca-
les, aſſez gros pour charger ſept vaiſſeaux ;
l'autre ſe vantera d'avoir été ſoixante ans ſans
toucher de l'argent qu'avec deux doigts bien envelopés : l'un montrera ſon froc ſi ſale & ſi
gras, qu'un Batelier ne voudroit pas le porter :
l'autre ſe glorifiera d'avoir vêcu cinquante-cinq
ans (1) comme une Eponge, toujours attaché
au

---

(1) Comme une Eponge.) *Eraſme compare les Moines
qui ne changent jamais de Maiſons, comme les Chartreux ; *

au même Cloitre : l'un fera voir, qu'il a perdu la voix à force de chanter : l'autre, que la grande solitude lui a demonté la cervelle : l'autre, que le silence lui a épaiffi la langue. Mais Jéfus-Chrift, interrompant toutes ces vanteries, qui fans cela n'auroient jamais fini : De quel pays, dira-t-il, vient ce nouveau genre de Juifs, avec leurs cérémonies ? Je n'ai donné aux hommes qu'une feule Loi : je la reconnois pour être vraiment la mienne, & tous ces Frapards-ci n'en difent pas un mot ? J'ai promis autrefois ouvertement & fans figures l'héritage de mon Pére, non à des frocs, à des petites oraifons, à des abftinences, mais au devoirs de la Charité. Je ne connois point ces gens qui connoiffent trop leurs œuvres prétendues méritoires, & qui veulent méme paffer pour plus faints que moi. Qu'ils cherchent, s'ils veulent, un Ciel à part ; qu'ils fe faffent bâtir un Paradis, par ceux dont ils ont préferé les traditions frivoles à la fainteté de mes préceptes. A cet Arrêt épouvantable, & voyant d'ailleurs qu'on leur préférera des Matelots & des Chartiers, quelle fera leur confternation ? Ils fe contentent toujours à bon compte, par leur folle efpérance : & c'eft moi qui la leur donne, & qui l'entretiens.

J'ai ici un avis important à vous donner. Quoique cette Génération bâtarde foit féparée de la République, on n'oferoit pourtant pas la méprifer, fur-tout les Mendians : c'eft qu'ils favent

<hr>

treux, par exemple, à l' Eponge ; parce qu'elle eft toujours attachée à fon rocher.

favent tous les fécrets, par le canal de ce qu'ils apellent la Confeſſion. Il eſt vrai qu'ils ſe font un crime capital de la reveler; mais ils ne laiſſent pas de le faire quelquefois; c'eſt lorsque le vin leur échauffe le crane, & les mets en belle hu‑meur: alors ils rendent par la bouche le meil‑leur de ce qui leur eſt entré par les oreilles : mais en prenant certains détours, & ſans nommer perſonne, Si quelqu'un a le malheur d'avoir irrité ces Frélons, la vengeance vient en poſte: dès le premier Sermon, pas plus tard, la mau‑vaiſe Mouche darde ſon aiguillon ; & le Prê‑cheur, dans ſes invectives de Morale, dépeint ſi bien ſon ennemi, quoiqu'en mots couverts, qu'il faudroit étre aveugle pour ne pas recon‑noitre le portrait. Et comptez que le Dogue ne lâchera point priſe, juſqu'à ce que vous l'ayez apaiſé, comme Enée appaiſa Cerbére: c'eſt à dire, en lui jettant de quoi manger & de quoi l'endormir. Puisque nous tenons ces bons Apôtres en chaire, n'eſt-il pas vrai qu'il n'y a point de Commédien, point de Bâteleur, que vous ne quittaſſiez pour leurs Prédications? On pourroit les nommer les Singes des Rhé‑teurs, tant ils imitent plaiſamment les règles de l'Eloquence, & de l'Art de parler en public. Bons Dieux! Hé Meſſieurs, je vous en prie, re‑gardez-les un peu geſticuler, hauſſer ou baiſſer la voix; chanter, & tout d'un coup bourdonner; prendre un nouveau viſage, ſelon le rôle, ſe tour‑menter comme des poſſédés; faire retentir tout le Temple, de leur bruit & de leur tonnerre. C'eſt dans le Cloitre même qu'ils aprennent cette ma‑

niére

niére véhémente d'evangelifer, & les Moines fe
la communiquent les uns aux autres, comme un
grand fecret.   N'étant qu'une femelle divine, il
ne m'apartient pas d'être initiée à un myftère fi
profond : je ne laifferai pourtant pas de vous dire
ce que j'en ai remarqué.

Ils débutent par une Invocation ce qu'ils ont
emprunté des Poëtes : enfuite ils font un Exorde, qui n'a nulle liaifon avec le fujet qu'ils ont
à traiter.   Vont ils prêcher la Charité ? ils commencent par la fleuve du Nil : le Myftère de la
Croix ? par Bel, ce Dragon fabuleux de Babylone : l'abftinence du Carême ? par les douze Signes du Zodiaque : la Foi ? par la Quadrature du
Cercle ; ainfi du refte.   Moi qui vous parle ; j'ai
ouï un de ces Prêcheurs, homme d'une folie
confommée : pardon, je m'y méprens toujours,
je voulois dire d'une doctrine confommée : cet
Orateur donc devoit aprofondir le Myftère
impénétrable de la Trinité : mais pour établir
la fublimité de fon favoir, & pour contenter
les oreilles théologiques, ils dédaigna de fuivre
le chemin battu : mais quelle fut fa route ? Il
n'y avoit qu'un auffi grand homme que lui, qui
pût la choifir.   Il ouvre fon difcours par l'Alphabet : aprés avoir récité fidèlement & avec
une mémoire prodigieufe, fon A. B. C., il paffe
des Lettres aux Syllabes, des Syllabes aux
Mots, des Mots à l'accord du Nom avec le Ver-
be, & du Subftantif avec l'Ajectif.   Tout l'Auditoire étoit dans le dernier étonnement : quelques - uns s'entre - demandoient avec Horace,
Quel peut être le but de fi grandes fottifes ? Le

K

Pére

Pére Prédicateur mit bien-tot son monde hors d'inquiétude : il montra, que les élémens de la Grammaire étoient le symbole & l'image de la *Sacro-Sainte* Trinité : & il montra cela aussi évidemment, qu'aucun Géometre puisse faire ses démonstrations. Aussi est-vrai, que cette Piéce très théologique avoit extrèmement coûté à cet Aigle des Théologiens : il avoit mis huit bons mois à composer ce Sermon-là : le pauvre homme s'en sent encore : & les grands efforts qu'il lui falut faire pour un si beau chef-d'œuvre, n'ont pas peu contribué à le rendre plus aveugle qu'une taupe, toute la force de la vuë ayant été attirée par la pointe de l'esprit : L'extinction de ses yeux ne lui fait pas la moindre peine, & il trouve mème qu'il a acquis sa gloire à trop bon marché.

J'ai eu encore le plaisir d'entendre un autre Sermoneur de la mème trempe : c'étoit un vénérable Barbon de quatre-vingts ans : mais si rompu dans la Théologie, qu'on l'auroit pris pour Scot ressuscité. Ce bon Vieillard étoit monté en chaire, pour expliquer le Mystère adorable du saint Nom de JESUS. Ah! qu'il y réussit admirablement! Il démontra, mais avec une subtilité inimaginable, que tout ce qu'on pouvoit dire à la gloire du Sauveur, se trouvoit dans les lettres de son auguste Nom. Savez-vous tous le Latin, Messieurs? Ceux qui ne le savent pas n'ont qu'à dormir un moment. En premier lieu, le vieux Cathedrant fit remarquer, que le substantif *Jesus* n'a que trois cas différens dans sa déclinaison, le nominatif, l'accusatif, & l'ablatif :

tif : (rare & curieuſe doctrine ! je vous plains, vous autres qui n'y entendez rien.) Or qu'eſt-ce que ces trois cas ſignifient ? Cela ſe peut-il demander ? On reconnoit là viſiblement les trois Perſonnes divines en une même Nature. Voici bien autre choſe ! De ces trois cas, le premier, remarquez bien, finit par une S, *JeſuS* : le ſecond, par une M, *JeſuM* : & le troiſiéme, par un U, *JesU*, Grand Myſtère, mes Fréres ! Ces trois lettres finales veulent dire, que le Sauveur eſt à la fois, le fait, le milieu, & le plus bas *Summus, Medius, Ultimus*. Il reſtoit à réſoudre une difficulté plus epineuſe qu'aucun problème de Mathématique : on en vint à bout néanmoins. Le vieux Routier eut l'adreſſe de diviſer le terme *JESUS* en deux portions égales, *JE-US* : mais cette S qui, ayant perdu ſa compagnie, eſt tout étonnée de ſe trouver ſeule, qu'en faire ? Patience, on va bien la dédommager. Les Hébreux nomment cette lettre-là *Syn* : or *Syn* ſignifie aparemment en bon Ecoſſois, *Pèché*, Après cela, concluoit le *Precheur*, quel homme eſt aſſez incredule, pour nier que le Sauveur *a ôté le Péché du Monde ?* A cette explication, auſſi profonde qu'imprévuë, les Auditeurs, ſur-tout les Théologiens, furent frappés d'un ſi grand étonnement, qu'on les auroit pris pour autant (1) de Niobés. Pour

moi.

---

(1) De Niobés.) *Cette femme, qui avoit beaucoup d'enfans, les voyant tous tués à coup de flèches par Apollon & par Diane, en devint immobile de douleur, & fut changée en rocher.*   K 2

moi, je riois fi fort, que je tombai presque dans
l'inconvénient (1) de Priape. En effet, les Orateurs Grecs & Romains se font-ils jamais servi
dans leurs Harangues d'une insinuation si détournée ? Chez ces grands hommes, quand l'E-
xorde étoit trop éloigné du sujet, on censuroit
leur peu de justesse en Eloquence ; & la Nature
a si bien enseigné cette méthode aux hommes,
qu'un Porcher même, qui a quelque chose à dire, ne commencera pas par s'égarer, il ira tout
d'abord au fait. Mais nos savans Moines ? ils
s'imagineroient être de mauvais Rhétoriciens, si
le Préambule, comme ils parlent, avoit la moindre connexion avec le Sujet, & s'ils ne mettoient
pas les auditeurs dans la nécessité de dire, *où
va-t-il donc par ce chemin-là ?*

En troisiéme lieu, ils proposent, en forme
de narration, quelque endroit de l'Evangile,
mais légérement, à la hâte ; & quoique ce dût
être là leur principal, ils s'en tirent au plus vite,
comme d'un mauvais pas. Quatriémement,
comme s'ils faisoient un autre personnage, ils
entament une question théologale, qui vient
aussi mal à propos qu'il se puisse : mais cette
digression leur paroit nécessaire, & ils croiroient
pécher contre l'Art, s'ils ne la faisoient pas. C'est
là

---

(1) De Priape.) *Horace conte, que ce vilain Dieu
voyant les cérémonies magiques de Canidia & de Sagana,
qui évoquoient dans un jardin les Furies & les Ombres,
en fut si effrayé, qu'il laissa aller par bas un gros vent :
à ce bruit les deux Sorcières eurent peur à leur tour, &
laissant-là tout leur apareil de Diablerie, elles s'enfuirent.*

là où nos prècheurs prennent un air fier, &
étourdiſſent l'Aſſemblée des magnifiques épithètes
qu'ils donnent à leurs Docteurs : ils les nomment
*ſolemnels, ſubtils, ſubtiliſſimes, ſéraphiques, ſaints,
irréfragables &c.* C'eſt là auſſi ou tombe, comme du Ciel, une grèle de *ſyllogismes,* de *ma-
jeures,* de *mineures,* de *concluſions,* de *corollaires,* de *ſuppoſitions ;* & ils font valoir, en bons
Charlatans, à une Multitude ignorante, ces froides & impertinentes bagatelles de leur Ecole.

Nous voici, enfin, au cinquéme Acte de la
Commedie, & par conſéquent dans la partie de la
Piéce où il faut ſe ſurpaſſer. Ils vous tirent ici
du magazin de leur mémoire un Conte ſot & ridicule, tiré peut-ètre du *Miroir Hiſtorial,* ou *des
Geſtes des Romains ;* & ils tournent cette Fable,
ils la manient *allegoriquement, tropologiquement,
anagogiquement :* quels gros mots ! Ainſi finit
leurs Diſcours : Diſcours qui, par l'étrange
diverſité de ſes parties, eſt plus Monſtre, plus
Chimére, que celle que Horace met à la tète
de ſon Art Poétique. Maintenant, repaſſons en
gros le total de leur *Sermonage.* Nos Moines
ont apris, je ne ſai de qui, que l'entrée du Diſcours doit ètre paiſible, calme, & qu'il faut bien
ſe garder d'y élever trop la voix. Sur ce principe-là, ils parlent ſi bas dans leur Exorde,
qu'à peine s'entendent-ils eux-mêmes. Parler pour ne point ſe faire entendre, le plaiſant
contraſte ! Ils ont auſſi ouï dire, que, pour
remuer les cœurs, l'Orateur doit employer
de tems en tems la véhémence des exclama-
tions. Fidèles, mais mauvais obſervateurs de

cette

cette règle, lors qu'on les croit fort tranquilles, tout d'un coup ils crient comme des furieux, & cela sans aucune raison. En vérité, on leur conseilleroit l'Ellebore, on les prendroit pour des Enragés; car enfin, il n'y a qu'un insensé qui crie sérieusement pour crier. Outre cela, parce qu'ils sont imbus que l'Orateur doit s'animer dans le progrès du Discours, après chaque pause du Sermon, ils récitent assez posément les premiéres périodes: mais ensuite, & souvent pour des riens, ils haussent la voix d'une si grande force, que lors qu'ils finissent, on croiroit qu'ils vont s'évanouïr. Enfin, comme ils savent par la Rhétorique, qu'il est bon de réveiller l'Auditeur par quelques traits enjoués, nos gens se mêlent aussi de plaisanter: mais qu'ils le font joliment, qu'ils le font à propos! à peu près comme l'Ane de la Fable, qui vouloit toucher un Luth. Ces Chiens de l'Eglise mordent aussi quelquefois, mais sans faire mal; ils chatouillent, plutôt qu'ils ne blessent: & quand ils affectent le plus une liberté apostolique, en criant contre les mauvaises mœurs, c'est alors qu'ils flatent le mieux. Que dirai-je davantage? Ils prêchent en Bâteleurs; & vous jureriez que ceux-ci, qui en savent encore beaucoup plus qu'eux, ont été leurs Maitres. Tenons-nous en à la déclamation: elle est si semblable de part & d'autre, que sûrement, ou les Charlatans ont apris la Rhétorique chez nos Prêcheurs, ou nos Prêcheurs ont étudié l'Eloquence chez les Charlatans.

Avec

Avec tout cela, ils ne manquent point d'Auditeurs: j'ai foin de leur en procurer; & il y en a qui les admirent autant, qu'on admiroit les Demofthènes & les Cicerons. Ils font courus principalement des Marchans & des Femmes, & ils s'apliquent foigneufement à gagner les bonnes graces des uns & des autres. Les Marchans, pourvû qu'ils en foient flatés, leur font volontiers part d'un bien mal-acquis, & regardent ces largeffes comme une reftitution. Les Femmes ont plufieurs raifons fecretes pour aimer les Moines, quand ce ne feroit qu'à caufe qu'elles trouvent toujours auprès d'eux une huile, un baume de confolation, contre les amertumes du lien conjugal. Je vous ai, ce me femble, fait voir évidemment, combien me font obligés ces Têtes à Capuchon, qui, par de vaines dévotions, par de pieufes mommeries, par des clameurs & des menaces, éxercent une certaine tyrannie fur le Vulgaire, & qui ofent fe comparer aux Hermites Paul & Antoine. Je ne me fuis arrètée que trop fur ces fépulchres blanchis, fur ces ingrats, qui favent auffi bien diffimuler mes bienfaits, que faire femblant d'avoir la Religion à cœur.

Il y a long-tems que je diffère à vous dire quelque chofe des Princes & des Grands. Ceux-là font tout opofés aux fourbes, aux impofteurs dont je viens de parler: ils me cultivent fans fard, fans déguifement, & avec toute la franchife qui convient à leur rang. Si ces heureux Habitans de la haute Région avoient feulement une demi-once de fageffe, y auroit-il

                              rien

rien de plus trifte, rien de plus à éviter, que leur état ? Quiconque fe donnera la peine de réflèchir attentivement fur les devoirs d'un bon Monarque, il tremblera à la vuë d'une Couronne ; bien loin de vouloir fe procurer par le parjure, par le parricide, par toute forte de crimes, un fardeau fi horriblement pefant. En quoi confiftent les engagemens d'un homme qui commande à toute une nation ? Travailler jour & nuit pour le bien commun, & ne jouïr jamais de foi : ne s'écarter en rien des Loix ; connoître par foi-même, ou par des yeux bien fûrs, l'intégrité des Officiers & des Magiftrats : fe fouvenir, qu'on eft en fpectacle au dedans & au dehors ; & que, comme un Aftre falutaire, on peut par des mœurs bien règlées influer utilement fur les chofes humaines ; ou, comme une Comète funefte, caufer les plus grands malheurs : n'oublier jamais, que les vices & les crimes des Sujets font infiniment moins contagieux que ceux du Maitre : fe redire chaque jour, que le Prince eft dans une élévation où, s'il donne mauvais éxemple, fa conduite eft une pefte qui fe communique, & qui fait du ravage : faire réflexion, que la fortune d'un Monarque le met continuellement dans l'occafion de quitter le bon chemin ; qu'il a à combattre les délices, l'impunité, la flaterie, le luxe ; & qu'il ne fauroit trop veiller, ni trop fe roidir contre tout ce qui peut le féduire : enfin rappeller fouvent en fa mémoire, qu'outre les embuches, les haines, les craintes, les dangers auxquels le Prince eft expofé à tout

moment

moment de la part de ſes Sujets, il doit com-
paroitre tôt ou tard devant le Roi des Rois, qui
lui demandera un compte éxact de tout, &
avec une rigueur proportionné à l'étendue de
la domination du Monarque.   Je le répète donc :
ſi un Prince faiſoit attention à tout cela, (& il la
feroit ſans doute, s'il étoit ſage,) il n'auroit
aucun repos dans la vie.   Mais j'y ai pourvû : à
la faveur de mon inſpiration, les Princes, ſe
repoſant de tout ſur le Deſtin & ſur leurs Miniſtres, vivent dans la moleſſe, & n'admettent
auprès d'eux que des gens propres à les divertir, & à les préſerver de tout chagrin & de toute inquiétude.   Ils croient remplir ſuffiſamment
les obligations d'un bon Roi, en prenant tous
les jours le divertiſſement de la Chaſſe, en nour-
riſſant de beaux chevaux, en vendant a leur
profit les Charges & les Emplois, en mettant
en œuvre des expédiens pécuniaires pour dévo-
rer la ſubſtance des Peuples, & pour s'en-
graiſſer du ſang de leurs Sujets,   Il eſt vrai,
qu'ils gardent quelques méſures ſur le dernier
article : on allegue des raiſons de beſoin, des
prétextes de néceſſité ; & quoique, dans le
fond, ces éxactions ſoient un pur vol, on leur
donne une aparence de juſtice & d'équité ; on
dit des douceurs au Peuple, on le nomme ſes
bons, ſes fidèles, ſes affectionnés Sujets ; &
pendant qu'on les dépoüille d'une main, on les
careſſe de l'autre, pour prévenir leurs plaintes,
& pour les accoutumer peu a peu à la Tyrannie.   Sur ce pied-là, je vous fais une ſupoſition :
Figurez-vous, (& vous vous figurez ce qui n'eſt

K ſ

que

que trop réel & que trop ordinaire;) repréfen-
tez-vous donc fur le Trône un homme ignorant dans la connoiffance des Loix, presque
ennemi du bien public, & qui ne vife qu'à fon
interêt perfonnel; efclave de fes plaifirs; mé-
prifant l'Erudition; ne pouvant fouffrir qu'on
lui dife fes vérités, qu'on lui parle fincèrement,
ne s'embaraffant de rien moins que du bonheur
de fes Sujets; ne fuivant que fa paffion; mé-
furant toutes chofes par fon utilité. Mettez à
cet homme-là le Collier d'or, ornement qui fignifie l'affemblage, l'union, l'enchainure de
toutes les vertus: mettez-lui la Couronne en-
richie de pierres précieufes, ce qui l'avertit qu'il
doit furpaffer les autres en toute forte de vertus
héroïques: mettez-lui le Sceptre à la main, ce
Sceptre qui eft le fymbole de la Juftice, & d'une
ame parfaitement incorruptible: enfin, donnez-
lui la Robe de pourpre, qui marque un vif amour
pour les Peuples, un zèle ardent pour leur félicité.
Si après cela ce Monarque vient à comparer ces
Habits Royaux avec fa mauvaife conduite, dou-
tez-vous qu'il n'ait honte de fa parure, & qu'il ne
craigne que quelque Railleur ne tourne en ridicule cet ajuftement, qui de foi eft trés-férieux?

Venons aux Grands de la Cour. Quelle bizarre efpèce d'hommes! Il n'y a point d'efclavage plus rampant, plus dégoutant, plus mé-
prifable, que le leur; & cependant ils regardent de haut en bas tous les autres mortels.
Convenons pourtant, qu'ils font fort modeftes
fur un point; c'eft que, fe contentant de porter
fur le corps, l'or, les pierreries, la pourpre, &
tous

tous les autres symboles de la sagesse & de la vertu, ils cèdent généreusement aux autres le soin d'être sages & vertueux.   Ils ne conçoivent point de félicité plus grande, que d'avoir permission de parler au Roi, de le traiter de Seigneur & de Maitre absolu, de lui faire un compliment court & bien tourné, de ne pas épargner les titres fastueux de *Votre Majesté*, *Votre Altesse Royale*, *Votre Sérénité*, *&c.*   D'ailleurs être toujours propre, magnifique, bien parfumé; sur-tout, savoir flater délicatement, c'est-là toute l'industrie, toute la dexterité des Courtisans.   Quant à l'esprit & aux mœurs? ce sont (1) de vrais Phœaques, ce sont (2) des Amans de Penelope: vous savez ce que le bon Homere en dit; la Nymphe Echo vous le dira mieux que moi.   Le vil Esclave du Monarque, qui souvent est lui-même chargé des chaines de la passion: ce vil Esclave, dis-je, (pourvû qu'il n'ait pas à faire sa cour, car alors il se lèveroit au premier chant du Coq,) dort jusqu'à midi. A peine le Monseigneur est-il éveillé, que son Chapelain, qui épioit ce moment-là, lui dit en poste une Messe bien dépêchée. Ensuite, on déjeu-

(1) De vrais Phœaques.) *Ils étoient si grossiers & si stupides, que selon Homere, Ulisse leur fit accroire autant de prodiges qu'il voulut leur en débiter.*

(2) Des Amans de Penelope.) *Homere les représente comme des gens qui donnoient tout-à-fait dans les plaisirs sensuels: après qu'ils eurent fait bonne chere, dit ce Poëte, ils ne pensèrent plus qu'à chanter & qu'à danser.*

déjeune, le diner fuit de près : au fortir de table, viennent les Jeux, les Filoux, les Bouffons, les Courtifans, les mauvaifes plaifanteries, & tous les autres plaifirs nommés paffe-tems : ces dévots éxercices ne fe font pas fans une ou deux collations : on foupe, & on paffe la nuit à boire. Ainfi, fans s'apercevoir qu'on n'eft né que pour mourir, la vie s'envole rapidement, les heures, les jours, les mois, les années, les fiécles, tout cela coule comme les minutes   Pour moi, il me femble que je fors d'un grand repas, quand je les ai vûs : ils font gloire de fi plaifantes chofes ! Cette Nymphe fe croit plus Nymphe que les autres, par la raifon qu'elle traine une plus longue queue.   Quand ce Grand a donné des coups de coude pour fendre la foule, il s'imagine qu'il y a moins de diftance entre le Prince & lui. Cet autre Courtifan fe félicite, de ce que la chaine d'or qu'il porte au cou pèfe plus que celles des autres, faifant parade non feulement de fon opulence, mais auffi de fa force, qui lui eft commune avec un Porte-faix.

La vie des Princes & des Grands m'a conduit tout naturellement à celle des Papes, des Cardinaux, & des Evéques. Il y a déja long-tems que cette Bande facrée imite, par une brave émulation, les Rois & leurs Strapes ; & ont peut même dire, qu'elle les a furpaffé. Or je voudrois, pour plaifir, qu'un Evéque etudiât un peu fon équipage, fon harnois pontifical : ce Rochet qui, par fa blancheur, defigne l'innocence ; cette Coëffure à deux cornes attachées d'un feul nœud, ce qui marque une

pro-

profonde connoiſſance des deux Teſtaments ; ces mains gantées, qui ſignifient un cœur épuré de toute contagion mondaine dans l'admini-ſtration des Sacremens ; cette Croſſe, qui aver-tit qu'on ne ſauroit veiller aſſez ſur le Trou-peau confié ; cette Croix, qui eſt le ſigne d'une pleine victoire ſur les paſſions. Si notre Prélat ſe rempliſſoit l'eſprit de toutes ces idées, & de pluſieurs autres que je ſuprime, n'eſt-il pas vrai qu'il deviendroit maigre, pâle, rêveur, triſte ? Il feroit pitié. Ne craignez rien, j'y ai mis bon ordre : j'ai conſeillé à ces ſoi-diſans Succeſſeurs des Apôtres, de prende une route toute opo-ſée à celle de ces bonnes gens, & jamais on n'a mieux profité de mes avis. Nos *Illuſtriſſimes & Reverendiſſimes* font leur principale affaire de vi-vre agréablement. Quant au Troupeau ? c'eſt à Jéſus-Chriſt d'en prendre ſoin : & d'ailleurs, n'a-t-on pas les Archidiacres, les Grands Vicai-res, les Pénitenciers, les Moines, tant d'autres bons & fidèles Mâtins, qui prennent garde au Loup d'Enfer ? Les Evêques ont oublié que leur nom ſignifie à la lettre, travail, peine, inſpection ſur le ſalut des ames ; mais ils s'en ſouviennent très-bien, quand il s'agit d'argent.

Les vénérables Cardinaux ſe vantent d'être deſcendus en droite ligne de l'Apoſtolat. S'ils alloient s'apoſtropher ainſi : „ Pourquoi ne fais-„ je dons pas ce que les Apôtres ont fait ? Je ne „ ſuis pas le maitre des graces ſpirituelles : je „ n'en ſuis que le diſpenſateur, & je rendrai bien-„ tôt compte de mon adminiſtration. Que veut „ dire ce Rochet d'une blancheur à éblouïr ?

„ Rien

,, Rien autre chofe, que la pureté des mœurs.
,, Que fignifie cette Soutane de pourpre ? Un ar-
,, dent amour de Dieu. Pourquoi cette Cappe
,, de la mème couleur, Cappe fi ample, fi large, fi
,, fpacieufe , qu'elle couvre mème toute la Mule
,, du *Reverendiſſime*, encore en refte-t-il pour
,, couvrir tout à la fois le Cardinal, fa Mule,
,, & un Chameau ? Ce grand & copieux étalage
,, de parure marque une charité etenduë, & tou-
,, jour prète à fécourir, c'eft-à-dire, à enfeigner,
,, corriger, exhorter, calmer la fureur des guer-
,, res, réfifter aux mauvais Princes, répandre
,, auffi volontiers fon fang, que fes richeffes, pour
,, l'Eglife. Mais à quoi bon ces gros revenus ?
,, Ceux qui prétendent repréfenter l'ancien Col-
,, lège des Apótres, ne devroient-ils pas imiter
,, leur pauvreté ,, ? Un Cardinal qui feroit ces
réflexions, ou rendroit bien vîte fon Chapeau, ou
meneroit une vie laborieufe, auftère, pleine de chagrin & d'anxieté ; enfin , il vivroit en Apôtre.

Profternons-nous à préfent aux pieds du Souverain Pontifie, & baifons religieufement fa pan-
toufle. Les Papes fe difent les Vicaires de Jéfus-
Chrift : mais s'ils s'apliquoient à fe conformer
à la vie de Dieu leur Maître ; s'ils pratiquoient
fa pauvreté , fes travaux, fa Doctrine, fa Croix,
fon mépris du Monde ; s'ils vouloient feulement
bien penfer à ce beau nom de *Pape*, c'eft-à-dire,
de *Pére*, & à l'épithète de *Très-Saint* dont on
les honore ; quelles gens feroient plus malheureux ? Qui voudroit acheter, de tout ce qu'il a
ce Pofte fuprème ? ou quel homme, y étant élevé, employeroit l'épée, le poifon, toute forte

de

de violence, pour s'y maintenir ? Ils perdroient des biens innombrables, si la sagesse s'emparoit une fois de leur esprit : que dis-je, *la Sagesse ?* S'ils avoient seulement un grain de ce sel dont parle le Sauveur. Ces richesses immenses, ces honneurs divins, cette vaste domination, ce puissant patrimonie, ces victoires flateuses ; tant de Dignités, de Charges & d'Offices à donner ; tant de Taxes au dedans & au dehors ; tant de Dispenses & d'Indulgences ; une Maison si nombreuse en domestiques ; tant de délices & de plaisirs. En voilà beaucoup, & neanmoins ce n'est qu'une foible ébauche de la félicité Papale. Au lieu de tant de biens, viendroient les veilles, les jeûnes, les larmes, les priéres, les sermons, les méditations, les soûpirs, & mille autres maux de la même nature. Ajoutons à cela, tant d'Ecrivains, tant des Copistes, tant de Notaires, tant d'Avocats, tant de Promoteurs, tant de Secretaires, tant de Banquiers, tant d'Ecuyers, tant de Palfreniers, tant de Maqueraux, (silence là-dessus, il faut épargner les oreilles chastes,) enfin, une si prodigieuse quantité d'hommes de toute condition, qui ruïnent (qui honorent, voulois-je dire) le Siége de Rome : tous ces illustres Officiers de Saint Pierre mourroient de faim. Il seroit barbare, abominable, & encore plus détestable, de rapeller à la besace & au bâton les Souverains Manarques de l'Eglise, ces véritables Lumiéres du Monde. C'étoit à Pierre & à Paul, à vivre d'aumone & de travail : aussi se repose-t-on sur eux de tout ce qu'il y a de pénible ; n'ont-ils pas assez de loisir

pour

pour y vaquer? Mais, tout ce qu'il y a de splendide & d'éclatant, de plaisir & de volupté, nos Saints Péres l'ont gardé pour eux : n'ont-ils pas bien faits ?

Il est donc arrivé par mon moyen, qu'il n'y a pas de gens qui vivent plus dans la mollesse & dans l'indolence que les Papes; & pourvû que leurs fonctions Episcopales consistent en des ornemens mystérieux, & presque de Théatre, en cérémonies, en titres fastueux de *Béatissime*, de *Reverendissime*, de *Saintissime*, en bénédictions & en malédictions, ils se croient quites avec Jésus-Christ, ils ne voyent pas ce qu'il pourroit avoir à leur demander. Ce n'est plus de tems de faire des Miracles : enseigner le Peuple, c'est une grande fatigue; expliquer l'Ecriture Sainte, cela put la crasse de l'Ecole; prier, il faudroit avoir du tems de reste : pleurer, cela ne convient qu'aux femmes; être pauvre, oh la vilaine chose ! se laisser vaincre ? il feroit beau le voir d'un homme qui croit accorder une grande faveur aus plus puissans Monarques, lors qu'il leur permet de lui baiser le pied ; enfin mourir, c'est la chose du monde la plus desagréable ; & être attaché à une croix, il y a de l'infamie. Il ne reste donc aux Papes pour toutes armes, que (1) ces douces bénédictions dont parle Saint Paul,

----

(1) Ces douces bénédictions.) *Rom. c. 24.* Qui par des paroles flateuses; & par des bénédictions, séduisent les innocens.

Paul (& je vous réponds qu'ils n'en font pas avares) que les interdits, les fufpenfions, les aggravations, les anathémes, (1) les peintures vengereffes, & cette foudre terrible par laquelle un Saint Pere, quand il lui plait, livre les Ames à tous les Diables, & leur fait faire un faut fi rapide, qu'elles vont même quelquefois par - delà l'Enfer. Nos Très - Saints Péres en Chrift, & fes Lieutenans - Généraux, n'employent jamais avec plus de zele cet épouvantable châtiment, que contre ceux qui, à l'impulfion de Satan qui pouffe toujours à la plus noire fcélerateffe, tachent de diminuer, de rogner le patrimoine de Saint Pierre. Cet Apôtre difoit à fon bon Maitre, *Nous avons tout abandonné pour te fuivre.* Mais depuis ce tems-là, il a fait une haute fortune : Sa Sainteté glorifiée poffede en propre, oui en propre, des Terres, des Villes, des Impots, des Douanes, des Domaines, &c. C'eft donc principalement pour défendre & pour conferver cette riche acquifition, que les Pontifes damnent les Ames. Mais, croyez moi, ils n'épargent pas les Corps : embrafés du zèle de Jéfus-Chrift, ils lèvent l'étendart de Mars,

& em-

______

(1) Les peintures vengereffes.) *On expofe à Rome le tableau d'un excommunié, peint fur de la toile, & répréfenté d'une maniére hideufe : il eft affis, & a le vifage d'un furieux : deux Diables à fes côtés, qui lui mettent une couronne de flamme : il a du feu fous le pieds : les infcriptions font horribles ; & cependant les fpectateurs trouvent cela fort divertiffant.*

L

& employent fans miféricorde le fer & le feu.
Vous jugez bien qu'une telle Guerre ne peut fe
faire fans effufion du fang Chrétien : qu'importe ?
répondent les Papes ; nous foutenons apoftolique-
ment la Caufe de l'Eglife, & nous ne poferons
point les armes, que nous n'ayons vengé l'Epoufe
de Jéfus-Chrift. Avec votre permiffion, Depofi-
taires des Clefs céleftes de la Science & de la Puiffance, l'Eglife a-t-elle de plus pernicieux ennemis,
que les Papes impies ? eux qui anéantiffent le Sauveur, en ne le prêchant point ; eux qui, par leurs
Loix lucratives, le tiennent comme enchainé ;
eux qui altérent fa Doctrine, par des interprétations violentées ; eux enfin, qui l'égorgent par
leurs exemples peftilentiels.

Au refte, comme l'Eglife Chrétienne eft née
dans le fang, s'eft confirmée par le fang, &
s'eft augmentée par le fang, les Papes la gou-
vernent par le fang. tout de même que s'il
n'y avoit plus de Jéfus-Chrift pour la protèger
& pour la défendre. La Guerre eft de fa nature quelque chofe de fi cruël, qu'elle con-
viendroit mieux aux bêtes féroces qu'aux hommes ; de fi furieux, que les Poëtes en ont attribué la fource aux Furies des Enfers ; de fi
contagieux, que les meilleures mœurs en font
infectées ; de fi inique, que les plus grands fcé-
lérats y font beaucoup plus propres que les bons
naturels ; de fi impie, qu'elle n'a nul raport avec
Jéfus-Chrift, ni avec fa Morale. Cependant,
certains Pontifes quittent toutes les fonctions
paftorales, pour fe donner tout entiers à la Guerre. On voit même parmi ces Pontifes guerriers,

(1) des Vieillards qui agissent avec toute la vigueur d'un jeune homme, n'ayant nul égard à l'argent, suportant courageusement la fatigue, & ne faisant pas le moindre scrupule de causer le bouleversement des Loix, de la Religion, de l'Humanité. Dans ces funestes conjonctures, on ne manque pas de trompettes : j'apelle ainsi ces doctes Boute-feux, qui, pour faire leur cour, s'accommodent lâchement à l'humeur fougueuse & sanguinaire du *Saintissime*. Ce qui est manifestement une fureur, ils le nomment zèle, pieté, valeur : ils trouvent des raisons pour prouver, que tirer l'épée, & l'enfoncer dans le cœur de son frere, ce n'est point enfraindre le grand Commandement de la charité envers le prochain. Je ne suis pas encore bien informée si ,en fait de guerre, les Papes ont pris exemple sur quelques Evêques d'Allemagne, ou si ces Evêques n'ont fait en cela que s'autoriser par la conduite des Papes. Toujours est-il certain, que ces Prélats Germaniques y vont encore plus rondement : sans s'embarasser du Service divin, des bénédictions, ni de toutes les autres cérémonies de l'Episcopat, ils ne respirent que les armes ; disant même, qu'un Evêque doit, pour l'honneur de sa Dignité, rendre l'ame à Dieu dans un combat. Les Prêtres sont ordinairement animés du même esprit : ne voulant pas dégénerer de la sainteté

___

(1) Des Vieillards.) *On croit qu' Erasme en veut ici à Jules II. qui étoit passionné pour la guerre, & qui fit bien du mal.* L 2

teté de leurs Prélats, avec quel courage n'endoſſent-ils pas le harnois, quand il s'agit de leurs Dîmes ? Les épées, les javelots, les pierres, toutes les armes y vont. Ces Sacrificateurs ſont ravis, quand, par quelques paſſages des Anciens, ils peuvent allarmer les conſciences, & faire voir à la populace, qu'on leur doit bien autre choſe que la Dîme : mais de penſer à ce qu'on lit en tant d'endroits touchant leurs devoirs envers les Peuples, c'eſt ce qui ne leur entre jamais dans l'eſprit. Ils devroient bien au moins ſe ſouvenir, que leur Tonſure les avertit qu'ils ont rompu avec le Monde, & qu'ils ne doivent s'occuper que des choſes du Ciel : mais ces gens tous dévoués à la volupté s'imaginent avoir ſatisfait pleinement à leurs obligations, à *l'office du bénéfice*, comme ils parlent, quand ils ont dit leur Breviaire. Et comment le diſent-ils ? Entre les dents, à toute bride : foi de Déeſſe, je ne ſaurois croire qu'aucun Dieu, ni les entende, ni les comprenne ; ils ne s'entendent pas eux-mêmes les pauvres Clercs, ni en récitant, ni en chantant. Mais, & les Prêtres, & les Laïques ſont également bien inſtruits ſur le grand article de la récolte ou du profit ; & on répète ſi ſouvent en Chaire, au Confeſſional, & ailleurs, que les Sacrificateurs ſont dignes d'un double honneur, que les Miniſtres de l'Autel doivent vivre de l'Autel, on répète dis-je ſi ſouvent ces maximes ſacrées, que pas une femmelette ne les ignore. Pour ce qu'il y a de pénible, Meſſieurs les Prêtres ſe le renvoyent les uns aux autres ;

c'eſt

c'eſt tout comme s'ils jouoient à la longue paume.
Il en eſt des Eccleſiaſtiques, à peu près comme
des Princes : les Rois abandonnent à leurs Premiers Miniſtres le ſoin du Gouvernement ; &
ceux-ci ont ſous eux quantité de Subalternes,
auxquels ils confient l'adminiſtration de l' Etat.
De même, les Officiers du Sanctuaire ſe déchargent par modeſtie ſur le Peuple du fardeau de la dévotion & de la pieté, le Peuple
renvoye ce poids à ceux qu'ils nomment *Gens
d'Egliſe*, comme ſi, à titre de Peuple Chrétien,
la Morale Evangelique ne les regardoit pas ; comme ſi les vœux du Batème n'étoient pour lui
qu'un chanſon. De plus, les Prêtres, qui, comme s'ils étoient initiés au Monde, & non à Chriſt ;
ſe diſent *Séculiers*, laiſſent aux *Réguliers*, l'ouvrage difficile de la pieté ; les Reguliers en font
l'occupation des Moines ; les Moines rélâchés
s'en repoſent ſur les Moines reformés ; tous prétendent, d' un commun accord, que la dévotion n'apartient qu'aux Mendians ; & les Mendians renvoyent la balle aux Chartreux, dans
la retraite desquels on peut dire que la pieté
eſt effectivement comme enſevelie, tant ils ont
ſoin de ſe cacher du Monde. Telle eſt auſſi
la conduite des Généraux dans la Milice cléri-
cale : les Papes, gens actifs & infatigables à
moiſſonner l'argent, ſe déchargent ſur les Evêques de ce qu'il y a de rude dant l'Apoſtolat :
les Evêques ſur les Curés : les Curês ſur leur
Vicaires : Les Vicaires ſur les Freres Mendians :
& les Mendians renvoyent l'éteuf aux Bergers

ſpirituels, qui ſavent ſi bien tondre les Brebis, & profiter de la laine.

Mais juſqu'où la matiére ne m'a-t-elle pas emporté ? Après tout, il n'eſt point de mon ſujet, d'examiner à fond la vie des Prélats & des Prêtres : j'ai pour but de faire mon éloge, & non de ſatiriſer les autres : par les louanges, qu'en qualité de la Folie je donne aux mauvais Princes, vous croiriez peut-être que je veux cenſurer les bons. Je ne vous ai donc donné une idée ſuperficielle de chaque condition, qu'àfin de montrer évidemment, qu'aucun homme ne peut vivre heureux, s'il n'eſt initié à mes myſtères, & s'il ne participe à mes faveurs. J'en prends la Fortune à témoin. Cette Dèeſſe du bonheur & du malheur, toute capricieuſe qu'elle eſt, prend plaiſir à ſeconder mes intentions. N'eſt-elle pas, auſſi bien que moi, l'ennemie mortelle des Sages ? Et pour ce qui eſt des Fous, la Fortune leur prodigue ſes graces, & vient même ſouvent les trouver dans leur lit. Vous avez ſans doute ouï parler d'un certain Timothée, Duc d'Athénes. Il fut le plus fortuné des hommes, juſqu'à conquerir & ravager des Villes en dormant ; mais dès qu'il commença d'attribuer ſon bonheur à ſon mérite, il tomba dans la derniére infortune. Ne dit-on pas communément, que tout réüſſit aux Fous, & que le mal même leur tourne à bien ? Il en eſt tout au contraire des Sages : on a dit d'eux, proverbialement, *Il eſt né comme Hercule, le quatriéme de la Lune ; il n'a que de la peine à eſpérer. Il eſt monté ſur le cheval de Séjan ; il ſe rompra le cou.*

cou.　*Son or est de Toulouse ; il lui portera malheur.*
C'est trop de Proverbes; on croiroit que j'ai
pillé les Commentaires de mon Erasme.

Je me remets donc dans mon chemin. La
Fortune aime ces gens qui ne réflèchissent point ;
elle se plait à faire du bien aux étourdis, aux té-
méraires, à ceux qui disent, comme César lorsqu'il passa le Rubicon : *Le sot en est jetté.* La
Sagesse ne sert qu'à inspirer la timidité. Aussi
la condition d'un vrai Philosophe fait-elle compassion aux gens sensés : la tête remplie de ses
belles & solides spéculations, tant physiques
que morales, son estomac crie famine, & le nécessaire lui manque : on le néglige, on le méprise, on le hait, on l'a en horreur. Les Fous abon-
dent en ces métaux précieux, qui font l'ame &
le grand mobile de la Societé civile ; on les éléve
aux Emplois publics : en un mot, ils fleuris-
sent en tout. En effet, celui qui met son bonheur à être bien-venu chez les Grands, chez ces
Idoles parées de pierreries, qui font mes principaux Esclaves, à quoi lui serviroit la Sagesse,
puisqu'il n'y a rien de plus détesté dans les Cours
& dans les Palais.

Voulez-vous vous enrichir par le Commerce ?
Renoncez donc à la *Sagesse.* Pourriez - vous,
sans un violent remords, faire un faux serment ?
Dès qu'on vous surprendra en mensonge, vous
rougirez. Enfin, pour peu que vous aprouviez
ces apres & cuisans scrupules des Sages sur le vol
& l'usure, vous ne vivrez jamais en repos avec
vous-même. Si vous aspirez aux dignités & aux
biens de l'Eglise, les Chevaux & les Anes réus-

L 4 sussent

fiffent mieux que les Philofophes dans cette
ambition-là.   Aimez-vous la volupté ? Les femmes, qui en font le principal objet, courent
après les Fous, & fuyent les Sages comme des
Scorpions.   En un mot, quiconque veut jouïr
des plaifirs de la vie, doit commencer par n'a-
voir aucune liaifon avec les Sages; il doit fré-
quenter plûtôt des gens de la lie du peuple.
Pour raffembler tout ce détail en une feule idée,
tournez-vous de tous les côtés : Papes, Princes, Juges, Magiftrats, Amis, Ennemis, Grands,
Petits, tout ne roule que fur l'argent comptant,
& comme le Philofophe, au néceffaire près, ne
fait pas plus de cas de cette matiére que de la
boue, il ne faut pas s'étonner fi perfonne ne
veut de fon commerce.

Mais, quoique mon Eloge foit un fonds abfolument inépuifable, il n'eft pas jufte, néanmoins, que j'abufe de votre patience, & que je
pouffe cette Déclamation plus loin.   Je vais donc
vous délivrer du travail de l'attention.   Accor-
dez-moi feulement encore une petite grace; il
y va de ma gloire.   Il y aura ici des Sages, (car
les Mauvais font toujours mêlés parmi les Bons,)
qui diront, que je ne fuis belle qu'à mes yeux;
& Meffieurs les Légiftes ne manqueront pas de
me reprocher, que je ne cite point.   Citons donc
comme eux, à tort & à travers.   Premiérement,
on ne peut révoquer en doute ce Proverbe fi connu, *Quand la chofe manque, il faut en préfen-
ter l'image :*   ce qui fe confirme très-bien par
cette maxime, qu'on enfeigne même aux Enfans : *C'eft une grande fageffe, de favoir contre-*
faire

faire le fou bien à propos. Jugez de-là s'il ne faut pas que la Folie soit un grand bien, puisque les Savans donnent tant de louanges à son ombre trompeuse, & à sa seule image. Mais Horace, qui se nomme lui-même le luisant & gras Pourceau d'Epicure, dit la chose plus naturellement, lorsqu'il ordonne *de mêler la Folie avec la Sagesse.* J'avoue qu'il veut que cette Folie soit courte : mais en cela il n'en a pas plus d'esprit. Le même Poëte dit, dans ses Odes : *C'est un plaisir d'être fou quand il faut.* Ailleurs, *il aime mieux paroître extravagant & ignorant, que d'être sage & enragé.* Homere, qui par-tout loue beaucoup son Télemaque, ne laisse pas de le nommer quelque fois *sot Enfant :* & les Tragiques donnent volontiers le même nom aux jeunes gens, cette épithète de *sot,* ou *d'imprudent,* étant de bon augure. Quel est le sujet de la sacrée Iliade ? Ne sont-ce pas les fureurs & les folies des Rois & des Peuples ? Ciceron n'a jamais pensé plus heureusement pour moi, que lorsqu'il a dit, *Tout est plein de folie.* Or vous n'ignorez pas, que plus un bien est étendu, plus il est excellent.

Peut-être que ces Auteurs ne seront d'aucune autorité chez les Chrétiens. Hé bien ! si vous le trouvez bon, j'appuyerai, ou, pour m'exprimer à la Théologienne, je fonderai mon Eloge sur le témoignage même de la Sainte Ecriture. Permettez moi cela, Messieurs nos Maitres ; je vous le demande humblement. Y pensai-je ? L'entreprise est très-difficile, & demanderoit pour le moins une bonne Invocation des Muses. D'un autre côté, il y auroit de l'injustice

juſtice à faire deſcendre une ſeconde fois ces neuf Pucelles de leur mont Helicon ; il y a bien loin d'ici, voyez-vous. D'ailleurs, la matiere que je vais traiter, n'eſt pas du reſſort d'Apollon. Ce ſeroit donc bien le meilleur, ſi, pendant que je ferai ici la Theologienne, & que je marcherai ſur les épines, l'eſprit de Scot vouloit paſſer de ſa Maiſon de Sorbonne dans mon ame ; oui, ce bienheureux eſprit, plus pointu que le Porc-Epic, plus piquant que l'Hériſſon : quand j'aurai fini, qu'il s'envole où il voudra, même chez les corbeaux. Plût au Ciel qu'il me fût permis de changer auſſi de viſage ! & d'avoir l'honneur de me voir habillée à la *Doctorale !* Je crains une choſe : quand on me verra débiter tant de Théologie, ne me ſoupçonnera-t-on point d'avoir pillé les porte-feüilles de *Magiſtrorum Noſtrorum ?* Mais il n'eſt pas, ce me ſemble, fort étonnant, qu'y ayant depuis tant de ſiécles une amitié ſi étroite entre les Théologiens & moi, j'aye attrapé un peu de leur *hautiſſime* Science. Pourquoi non ? Priape, ce Garde-Jardin, ce Dieu de petite cervelle, écoutant ſon Maître qui liſoit tout haut du Grec, en fourra quelques mots dans ſa mémoire, & les retint comme un Docteur. Et ce Coq de Lucien, qui ayant vécu longtems avec les hommes, articula tout d'un coup & parla comme eux ? Mais ça, commençons, ſous les auſpices de la Fortune.

L'Eccleſiaſte, Chapitre premier, verſet . . . attendez, verſet . . . Oh ! je l'ai oublié, auſſi bien que la page, la ligne, &c. (car pour citer théologiquement, il ne faut rien omettre.) L'Eccléſiaſte fiaste donc a écrit, *LE NOMBRE DES FOUS EST INFINI.* Or ce nombre infini n'embraffe-t-il pas généralement tous les hommes ? excepté peut être quelques-uns ; encore doutai je fort qu'on les ait jamais vûs. Mais Jérémie avoue la chofe plus ingénument: *Tous les Hommes*, dit-il, Chap. 10. *font devenus fous, à force de Sageffe.* Il attribué la Sageffe à Dieu feul, & laiffe à tous les hommes la Folie en partage. Un peu plus haut, il dit: *Que l'homme ne fe glorifie point dans fa Sageffe!* Pourquoi cela, faint & divin Oracle de l'avenir? C'eft, répondra-t-il, parce que l'homme n'a point de Sageffe. Revenons à l'Eccléfiafte: lorfqu'il fait cette morale & pathétique exclamation, *Vanité des Vanités & tout eft Vanité!* à votre avis, Meffieurs, ce Monarque éclairé du Ciel, ne déclaroit-il pas fans biaifer, que la vie humaine n'eft, comme je l'ai infinué tant de fois, qu'un jeu de la Folie? N'étoit-ce pas dire précifément ce que Ciceron a repété depuis, à ma grande louange, *Tout eft plein de Folie?* Quand le même Eccléfiafte dit encore, *Le Fou change comme la Lune, le Sage eft ftable comme le Soleil:* que veut-il dire? N'eft ce pas: que tous les hommes font fous, & qu'à Dieu apartient le titre de Sage? En effet, les Interpretes entendent par la Lune, la Nature humaine ; & par le Soleil, ils entendent Dieu, qui eft la Source de toute Lumiére. Le Sauveur appuye cela dans fon Evangile, lorfqu'il dit, que l'épithète de *Bon* ne convient qu'à Dieu. Or, felon les Stoïciens, *Sage* & *Bon* font deux termes réciproques, &

qui

qui fignifient la même chofe : *Ergo*, tous les hommes étant mauvais, par une conféquence nécefſaire, ils font tous fous.

De plus, Salomon dit, Chap. 17. *La Folie eſt joye au Fou ;* par où il confefſe ouvertement, que fans la Folie, il n'y a rien d'agréable en ce Monde-ci. Dans un autre endroit : *Avancer en Science, c'eſt avancer en douleur ; & où il y a beaucoup de fens, il y a beaucoup d'indignation.* Cet excellent Prédicateur ne répète-t-il pas la même penſée au Chap. 7.? *La triſteſſe loge dans le cœur des Sages, & la joye, dans le cœur des Fous.* Non content d'avoir apris à fond la Sagefſe, il a été curieux aufſi de me connoître. Vous croyez peut-être que je badine? Ecoutez l'Oracle, Chap. 1. *Je me fuis apliqué à connoitre la Prudence & la Doctrine, les Erreurs & la Folie.* Vous remarquerez. s'il vous plait, fur cet endroit-là, que c'eſt pour me rendre l'honneur qui m'eſt dû, qu'il me nomme la derniére; & je le prouve. L'Ecrivain eſt Eccléfiaſte : or, dans l'ordre de l'Eglife, & fuivant fon Cérémonial, le premier en dignité eſt le dernier en rang, conformement au précepte de Jéfus-Chriſt.

Mais que la Folie ait plus de dignité que la Sagefſe, c'eſt ce que l'Auteur de l'Ecclefiaſtique quel qu'il foit, montre évidemment au Chapitre IV. Avant de citer cet endroit-là, je veux faire un marché avec vous, Mefſieurs mes Auditeurs : j'en jure par Hercule, je me tairai là-defſus, fi vous ne répondez favorablement à mes queſtions. Imitez ceux qui difputent avec Socrate, chez Platon : ça je commence mon induction.

Je

Je mets d'un côté les choses rares & précieu-
ses : je place à l'opposite ce qu'il y a de commun
& de méprisable. Sur une telle supposition, *je
demande*, lequel des deux est il à propos de
renfermer soigneusement sous la clef, d'ôter de
la portée d'un chacun ? Vous ne dites rien ? Vous
voilà tous à me regarder, comme des statuës ?
Votre silence ne m'arrêtera pourtant pas : les
Grecs répondent en François pour vous : *On
ne craint point*, disoient - ils en proverbe, *de
laisser sa cruche à la porte*. Et de peur que vous
ne profaniez en rejettant cette Sentence, je
vous avertis que c'est Aristote, ce Dieu de *Nos
Maîtres*, qui la raporte. Continuons. Y auroit-
il ici quelqu'un assez fou, pour laisser de propos déliberé, son or & ses bijoux dans un chemin battu ? Je n'en crois absolument rien. Vous
me paroissez tous gens à serrer votre trésor dans
le Cabinet, dans le coin le plus secret du Coffre-fort : vous n'exposez que ce que vous ne
vous souciez pas de perdre. Si donc la prudence
veut qu'on mette en sûreté les choses de prix,
& qu'on abandonne au hazard ce qui ne coûte
guères, ja gagne ma cause, je triomphe. *L'Ec-
clésiastique* ordonne de découvrir la Sagesse, &
de cacher la Folie. Voici le Texte : *L'homme
qui cache sa Folie, vaut mieux que l'homme qui
cache sa sagesse*. Bien plus : l'Ecriture Sainte attribuë au Fou une généreuse modestie, dont le
Sage, qui se croit toujours meilleur que les autres, n'est point capable. C'est le sens que je
donne à ce passage de *l'Ecclésiaste*, Cap. 10.
Quand le Fou se promene, il croit que tous ceux

M

qu'il

qu'il rencontre font fous comme lui. Admirez, je vous prie, cette candeur, cette fincerité : naturellement tous les hommes ont grande opinion d'eux-mèmes; mais la Folie rend l'homme fi humble, qu'il veut bien partager fa vertu avec tous les autres hommes, & leur communiquer la gloire de fon mérite. En feriez-vous autant? Point de flaterie; je ne vous crois pas encore à ce degré de perfection. Salomon fe flatoit d'y être parvenu : *Je fuis*, dit-il au Chap. 30. *le plus fou de tous les hommes.* Saint Paul, cet Evangelifte, ce Convertiffeur des Nations n'a pas dédaigné mon nom : ne dit-il pas aux Corrinthiens, *Comme fou, je le dis, je le fuis plus qu'eux?* jugeant que c'étoit une honte d'être furpaffé en folie. Sauvez-moi, je fuis perduë! j'entens nos Criards, nos Brailleurs : Folie, me difent-ils, tu es bien digne de ton nom dans des interprétations, auffi bien que dans tout le refte! La penfée de l'Apôtre n'eft rien moins que ce que tu forges. Il ne vife nullement à perfuader qu'il eft plus fous que les autres : mais après avoir dit, *Ils font Miniftres de Chrift, & moi auffi :* fentant bien qu'il ne fe vantoit pas affez, il ajoute, *Je le fuis plus qu'eux :* & pour lever le fcandale que cette déclaration pouvoit donner, Saint Paul s'accufe de folie en cela, parce qu'il n'y a que les Fous qui ayent permiffion de dire tout.

Difputez, *Ergoteurs*, chicanez tout votre foul fur le fens de ce paffage-là : pour moi, je marche à la lumiére de ces grands, de ces gros & gras, de ces renommés Théologiens, avec qui la plûpart des Docteurs aimeroient mieux

tom-

tomber dans l'erreur, que de connoitre la ve-
rité avec ces gens (1) à trois Langues : on en
fait cas comme des Pies & des Perroquets. D'ailleurs, j'ai pour moi (2) un glorieux Théologien : je ne le nommerai pas ; nos *Caqueteurs*
ne manqueroint jamais de citer le Proverbe,
(3) *l'Ane à la Lyre.* Ce Docteur explique *ma-
gistralement, théologalement*, ce passage. *Je le
dis avec moins de Sagesse, je le suis plus qu'eux :*
il en fait un nouveau Chapitre, &, ce qui demande une Dialectique consommée, il ajoute
une nouvelle Section. Voici, en forme & en
matiére, les paroles de mon Theologien : „ *Je*
„ *le dis moins sagement*, c'est-à-dire, si je vous
„ parois fou lorsque je me compare aux faux
„ Apôtres, vous me trouverez encore plus fou
„ de me préferer à eux. Puis le Docteur, comme s'il extravaguoit, se jette tout d'un coup sur
une autre matiére. Mais, que je suis folle, de
me tourmenter l'esprit sur l'interpretation d'un
seul Theologien ! Nos *Oraculistes* n'ont-ils pas
acquis un droit public d'étendre le Ciel, c'est-à-
dire l'Ecriture, comme une peau ? S'il faut en
croire ce savant Saint Jeremie qui possedoit cinq
                                        Lan-

----

(1) A trois Langues.) *L' Hébreu, le Latin, & le
Grec.*

(2) Un glorieux.) *Cette épithète est équivoque, &
signifie à la fois un homme qui se vante, & qui a de la
réputation.*

(3) L'Ane à la lyre.) *Ce Theologien se nomme Nico-
las de Lire.*   M 2

Langues, Saint Paul lui-même usoit de ce droit; & il y a dans ses divins Ecrits des choses qui semblent contraires aux Livres Sacrés, & qui ne paroissent plus telles, quand on lit ces citations à leur source. Jugeons des fraudes pieuses de ce grand Apôtre, par celle-ci. Les Athéniens avoient consacré un Autel, avec cette Inscription, AUX DIEUX DE L'ASIE, DE L'EUROPE, ET DE L'AFRIQUE; AUX DIEUX IN-CONNUS ET ETRANGERS. Saint Paul tronque l'Inscription; il prend ce qu'il croit avantageux à la Religion Chrétienne, & laisse tout le reste : encore ces deux mots, AU DIEU INCONNU, qui font le Texte de sa Prédication, il ne les raporte pas fidèlement. Les Théologiens d'aujourd'hui veulent aparemmenr mettre cet éxemple à profit : rien n'est plus ordinaire; que de les voir arracher dans quelque endroit d'un Auteur cinq ou six paroles, & d'en alterer le sens, pour peu qu'elles les accommodent : cependant, quand on vient à confronter la Copie avec l'Original, à joindre la citation avec ce qui la suit, on trouve, que l'Auteur cité n'a point voulu dire ce qu'on prétend, & souvent même, qu'il a pensé tout ce contraire. C'est pourtant ce que Nos Maitres font, & cela avec une impudence si heureuse, que les Jurisconsultes, gens qui se plaisent à citer bien ou mal à propos, leur en portent envie.

Comment cette ruse ne réussiroit-elle pas à ces Guerries spirituels? Ils peuvent tout espérer, après la réüssite de ce grand Théologien dont je vous ai parlé, Ouf! son nom m'est ve-

nu sur la langue ; mais je crains *l'Ane à la Lyre.*
Ce Docteur a interpreté dans l'Evangile de
Saint Luc un endroit, où il s'accorde avec l'e-
sprit & l'intention de Jesus-Christ, à peu près
comme le feu s'accorde avec l'eau. Je m'en
raporte à la justesse de votre discernement. Dans
le tems d'un extrême danger, tems au quel les
bons Cliens sont plus assidus auprès de leurs Pa-
trons pour offrir leur services, le Sauveur,
voulant élever ses Disciples au-dessus de toute confiance dans les secours humains, leur
fit cette demande : *Quand je vous ai envoyé,*
vous a-t-il manqué quelque chose ? Ils n'avoient
pourtant, ni argent de voyage, ni souliers pour
se garantir des épines & des caillous. ni sac de
provision contre la faim. Les Apôtres ayant ré-
pondu, qu'ils avoient trouvé leur nécessaire par-
tout. *A présent,* dit le Sauveur, *celui de vous qui*
a un sac, petit ou grand, qu'il le laisse-là ; &
celui qui n'a point d'épée, qu'il vende sa tuni-
que pour en acheter une. Toute la Doctrine
Evangelique ne roulant que sur la débonnaire-
té, la patience, le mépris de la vie, il faut s'a-
veugler, pour ne pas entrer ici dans la vuë &
dans le but de Jesus-Christ. Ce Législateur voulant mettre ses Lieutenans, ses Ambassadeurs
dans une disposition parfaitement apostolique,
cherche à les detacher généralement de toutes
les choses d'ici-bas. Ce n'étoit pas assez, qu'ils
se passassent de souliers & de bissac ; ils devoient
aussi dépouiller leur habit : ce qui marquoit sans
doute cet entier dégagement de cœur, avec lequel ils doivent entrer dans la carriére de l'A-
M 3

posto-

poſtolat. Il eſt vrai, que Jeſus-Chriſt ordonne à ſes Diſciples d'acheter une épée : mais quelle ſorte d'épée ? Quoi ? ce fatal & funeſte inſtrument de brigandage, de parricide, de vengeance, de meurtre ? Non pas même de défenſe. C'eſt cette épée de l'eſprit, qui pénètre jusques au fond de l'ame, & qui coupe tellement toutes les paſſions, que la Pieté domine & règne ſeule dans le cœur. Or voyez, je vous prie, comment notre celèbre *Ane à la Lyre* a tordu cet endroit-là : il entend par l'épée, le droit de ſe défendre dans la perſécution : par ce petit ſac, il entend la proviſion des vivres ; comme ſi le Sauveur, ayant changé de ſentiment, retractoit ſon ordre, s'étant apperçu que ce n'étoit pas-là pourvoir aſſez à la ſplendeur & à la dignité de ſes Miſſionnaires. Ce Legiſlateur ne ſe ſouvenoit-il donc plus de ſa Morale ? Il avoit déclaré ſi formellement à ſes Diſciples, qu'ils ſeroient bien-heureux, s'ils ſouffroient patiemment les infamies, les outrages, les ſupplices ; il leur avoit défendu toute réſiſtance contre les aggreſſeurs ; il leur avoit dit, que le vrai bonheur étoit pour les débonnaires, & nullement pour les ſuperbes ; enfin, il les avoit exhortés, par l'exemple des Moineaux & des Lys, à s'abandonner entiérement à la Providence. Le Sauveur avoit donc oublié tout cela ? Par un eſprit tout contraire, il commande aux Apôtres de porter l'épée, de vendre leur habit pour en acheter une, & d'aller plûtôt tout nuds, que de marcher ſans armes. Comme notre ſubtil Commentateur renferme dans l'épée tout ce qui peut

ſervir

fervir à repouffer la force, il entend auffi par la bourfe, tout ce qui concerne les commodités de la vie. Ainfi cet Interprete de l'Efprit de Dieu fait paroitre fur le Théatre du Monde, les Apôtres armés de pied en cap, pour prêcher un Crucifié; il les charge, comme des Soldats, de gibeciére, de valife, de paquet, de tout ce qu'il faut pour ne pas jeûner en chemin.

Mais pourquoi Jéfus-Chrift, après avoir commandé à fes Difciples de vendre jufqu'à la chemife, (exclufivement néanmoins. & je le crois de même,) pour acheter une épée; leur ordonne-t il enfuite, en les réprimandant, de la remettre dans le fourreau? Pourquoi les Apôtres, du moins que l'on fache, n'ont-jamais tiré l'épée contre la violence des Payens? Ils auroient été obligés en confcience de le faire, s'ils en avoient reçu un commandement formel. Le fameux Théologien ne s'eft nullement embaraffé de toutes ces objections. Il y a un autre Docteur, je ne le nommerai point, c'eft par refpect, quoique pourtant, il ne foit pas de la Canaille *fcientifique:* ce bon-homme fait le plus plaifant faut qu'on puiffe imaginer. Le Prophète Habacuc a dit, *Les peaux de la terre de Madian feront en trouble.* Il eft clair comme le Soleil, que l'Infpiré parle des tentes du Camp des Madianites: mais ce Théologien, s'abufant fur le mot de *peau*, explique ce paffage par *l'ecorchure* de Saint Barthelemi.

J'affiftois l'autre jour à une difpute de Théologie, (car je manque très-rarement à cette forte de combats.) Quelqu'un ayant demandé comment

M 4   ment

ment on pourroit prouver par l'Ecriture fainte, qu'on doit employer plûtôt contre les Hérétiques la voye du fagot & du feu, que celle du raifonnement & de la perfuafion; un Vieillard, qu'a fon air rude & arrogant on reconnoiffoit aifément pour Théologien, répondit fur un ton indignation, en fronçant le fourcil: *C'eft Saint Paul, oui Saint Paul lui-même, qui a fait cette fage loi: n'a-t-il pas dit expreffement, Evitez l'Hérétique, après l'avoir repris une & deux fois?* Comme il repétoit fouvent & à haute voix les mèmes paroles, tout le monde le crut faifi d'un accès de phrénéfie; mais à la fin, il donna le mot de l'Enigme: Etes-vous donc, s'écria-t-il, d'une ignorance affez craffe pour ne favoir pas que ce terme, *de vita*, (*évitez.*) fe forme ed Latin de la prépofition *de* & du nom fubftantif *vita*, comme qui diroit, *hors de la vie?* *Ergo* Saint Paul a commandé de brûler les Hérétiques, & de jetter leur cendre au vent.

Une étimologie fi neuve fit rire quelques-uns des Auditeurs: mais d'autres la trouvérent profonde, & vraiment théologique. Ce *Barbon*, s'appercevant que tous les fuffrages de l'Affemblée n'étoient pas pour lui, lança l'argument décifif. Il eft écrit, dit-il, *Ne laiffe point vivre le malfaifant:* Or tout Hérétique eft malfaifant: *Ergo*, &c. Alors chacun, d'admirer l'efprit du Docteur, & fon judicieux *Ergo*, fut univerfellement aplaudi: & même aucun des Auditeurs ne fe fouvint, que cette Loi regardoit uniquement les Sorciers, les Enchanteurs, les Magiciens, genre d' hommes que les Hébreux défignent

fignent par le terme de *malfaifant.* Il faudroit donc auffi condamner au feu tous les coupables, & tous les pécheurs. Mais ne fuis-je pas folle, de m'amufer à ces bagatelles? Le nombre en eft fi grand, que Chryfippe & Eidyme n'ont pas écrit plus de fottifes, quoiqu'ils ayent fait une quantité prodigieufe de volumes, l'un fur la Dialectique, l'autre fur la Grammaire. Je vous prie feulement de me rendre juftice fur une chofe: S'il eft permis à ces divins Maitres de s'écarter ainfi du bon fens, & de la vérité; à combien plus forte raifon, n'étant qu'une ombre de Théologienne, devez-vous pardonner mon inéxactitude dans les citations?

Je reviens enfin à Saint Paul. Cet Apôtre dit, parlant de lui-même: *Vous fuportez volontiers les fous. . . . Recevez-moi comme un fou.. . . . Je ne parle pas felon Dieu, mais comme fi j'étois fou. . . . Nous fommes fous pour Jéfus-Chrift.* Un Auteur de ce poids là dire tant de bien de la Folie? Quelle gloire pour moi! Saint Paul n'en demeure pourtant pas encore-là: il va jufqu'à ordonner la Folie, comme une des chofes les plus néceffaires au falut: *Celui d'entre vous qui fe croit fage, qu'il embraffe la Folie pour trouver la Sageffe.* Dans S. Luc, Jéfus-Chrift n'apelle-t-il pas *fous* les deux Difciples, qu'il joignit en chemin après fa refurrection? Cela me furprend beaucoup moins, que ce que l'Apôtre dit, *La Folie de Dieu vaut mieux que toute la Sageffe des hommes.* Or, fuivant l'interprétation d'Origene, on ne peut pas raporter

M 5

cette

cette Folie à l'opinion des hommes, non plus que cet autre paſſage, *Le myſtère de la Croix eſt folie à ceux qui périſſent.* A quoi bon me fatiguer par toutes ces recherches ? L'Homme-Dieu, s'adreſſant à ſon Pére dans les Pſaumes, ne lui dit-il pas, *Tu connois ma folie ?* Ce n'eſt pas peut être ſans ſujet, ou pour mieux dire, c'eſt aparemment par cette raiſon-là que les plus fous ſont les favoris de Dieu. Dans un ſens, il en eſt de l'Etre ſuprème, comme des Princes de la Terre : ordinairement ces Dieux mortels n'aiment pas les hommes de droiture & de probité. Ceſar ſe défioit plus de Brutus & de Caſſius, (1) que d'Antoine, quoique très débauché : (2) Neron ne pouvoit ſouffrir Senèque : (3) Platon échoua auprès de Denis le Tyran. Tout au contraire, les Maitres du Monde ſe plaiſent avec les eſprits épais, ſimples, groſſiers. De mème, le Dieu - Homme condamne & déteſte toujours ces Sages, qui mettent tout leur appui en leur Philoſophie. Saint Paul le déclare net, & ſans la moindre ambiguité : *Dieu a choiſi dans le monde ce qu'il y a de fou.*

---

(1) *Ceſar.*) *Comme on l'avertiſſoit de ſe précautionner contre Antoine : Je ne me défie pas, répondit-il, de ces gros ivrognes : je crains bien plus ces gens pâles & ſobres : déſignant par-là Brutus & Caſſius, qui en effet, l'aſſaſſinérent en plein Sénat.*

(2) *Neron.*) *Il fit mourir Senèque, parce que ce Philoſophe, qui avoit été ſon Précepteur, cenſuroit ſes mauvaiſes mœurs.*

(3) *Platon.*) *Il fit tout exprès le voyage en Sicile, pour tacher d'adoucir par la Philoſophie l'humeur de Denys, Roi de cette Isle ; mais il ne put y reüſſir.*

fou. . . . Dieu a jugé à propos de sauver le Monde par la folie ; aparemment, parce qu'il ne pouvoit pas le réparer par la sagesse. Dieu dit lui-même, par la bouche du Prophète Isaïe, *Je perdrai la sagesse des Sages, & je reprouverai la Prudence des prudens.* L'Humanité de Jésus-Christ ne rend-elle pas graces à la Divinité, d'avoir caché aux Sages le mystère du Salut, & de l'avoir revelé aux Petits, c'est-à-dire aux Fous, suivant la force & l'énergie du terme Grec? Il faut encore rapporter à cela cette guerre continuelle, que, comme on le voit dans l'Evangile, le Sauveur fait aux Pharisiens, aux Scribes, & aux Docteurs de la Loi; au lieu qu'il prend toujours le parti du Vulgaire ignorant : *Malheur à vous Scribes & Pharisiens !* Cette imprécation ne veut-elle pas dire, *Malheur sur vous, ô Sages !* Enfin, le Maitre de l'Univers se plaisoit le plus avec des gens de néant, des femmes, & des Pêcheurs. Parmi tant d'espéces de bêtes, Jésus-Christ a préferé celles qui aprochent le moins de la finesse du Renard : il a choisi un Ane pour lui servir de Char de triomphe; au lieu qu'il pouvoit aisément monter un superbe & féroce Lion. Le Saint Esprit est descendu sur la seconde Personne de la Trinité, non en forme d'Aigle ou de Milan, mais en forme de Colombe, le plus simple des oiseaux. De plus, il est parlé souvent dans l'Ecriture, d'animaux dont l'instinct est le plus borné, tels que sont les Cerfs & les Agneaux. Jésus-Christ n'apelle-t il pas *Brebis,* ceux qu'il a choisis pour demeurer éternellement dans son Royaume des Cieux ?

Cieux ? Or rien n'eft fi fot que cette bête-là ; & anciennement on donnoit par mépris, & par injure fon nom aux gens ftupides & groffiers. Dans cette comparaifon, néanmoins, des Elus avec les Oüailles, Jéfus - Chrift fait gloire du titre de *Berger*. Il aime auffi beaucoup celui d'Agneau : Jean-Baptifte le fit connoître fous ce nom-là : *Voici l'Agneau de Dieu* ; & c'eft auffi fous cette figure qu'il eft reprefenté le plus fouvent dans les Vifions facrées de l'Apocalipfe.

Quelles conféquences tirerons - nous de tout cela ? Les voici. Les hommes font fous, fans même excepter ceux qui font profeffion de pieté. Jéfus-Chrift, qui eft la *Sageffe* du Pére, s'eft rendu comme fou, en s'uniffant perfonnellement avec la Nature humaine ; de même qu'il s'eft fait péché pour remédier au péché. Remarquez comment le Sauveur a rempli dignement ce plan-là. Il a réfolu dans fon Décret éternel, de racheter les hommes par la folie de la Croix : il employe pour l'éxecution de ce deffein, des Apôtres idiots & groffiers ; il leur recommande foigneufement, d'éviter la Sageffe, & d'embraffer la Folie ; il leur propofe en éxemple, les Enfans, les Lys, la Moutarde, les Paffereaux, tous Etres fans artifice, fans inquiétude, & qui fuivent en tout les Loix de la Nature, & la méchanique de fes mouvemens. Ce Légiflateur défend à fes Difciples, de fe préparer lorfqu'il s'agira de paroitre devant les Grands : il ne veut point qu'ils s'embaraffent de l'avenir, ni qu'ils obfervent la mefure du tems ; le tout, de peur qu'ils ne s'apuyent fur leur pro-

pre

pre fageffe , & afin qu'ils fe repofent entiérement fur fa Providence. Ce fut par la même
raifon, que le grand Architecte de l'Univers défendit à ce beau couple d'Epoux qu'il venoit
de faire & de marier, qu'il leur défendit, dis-je,
fous peine de malheur & de mort, de toucher
à l'Arbre de Science : grand indice, que la
Science eft le poifon de la félicité. Saint Paul la
rejette comme pernicieufe , quand il dit qu'elle enfle le cœur. Je crois que Saint Bernard parloit felon le fentiment de cet Apôtre ; car il nomme la Montagne où le fuperbe Lucifer avoit
fixé fa réfidence, *le Mont du Savoir*. Autre
preuve qui n'eft pas à rebuter : il faut affurément que j'aye du crédit dans le Ciel : comment ?
on y obtient grace fous mon nom, au lieu qu'on
n'oferoit employer la faveur de la Sageffe. Un
homme a-t-il péché avec connoiffance de caufe ?
ne croyez pas qu'il s'avife d'alleguer fes lumiéres ; il eft trop heureux de prendre la Folie
pour prétexte, & pour protectrice. C'eft ainfi
qu'Aron, au XII. Chap. des Nombres, fi
j'ai bonne mémoire, demandant pardon pour fa
femme, s'crie : *Veüille, Seigneur, t'apaifer en-*
vers nous, touchant cette faute que nous avons
follement commis ! Saül fe repentant à l'égard de
David : *Il paroit bien*, lui dit-il, *que j'ai agi*
en fou. David lui-même, tâchant de fléchir la
vengeance divine, *Seigneur*, dit-il, *je vous fu-*
plie d'ôter cette iniquité du compte de votre fer-
viteur, car nous avons fait follement. Voyez-
vous bien qu'il croyoit n'être point éxaucé, s'il
n'alleguoit fa folie & fon ignorance ? Mais rien

ne

ne fait tant pour moi, que la priére que le Sauveur fit sur la Croix pour ses ennemis : *Pére, pardonnez-leur :* ce Dieu mourant n'employa point d'autre raison d'excuse, que la raison d'imprudence, *parce qu'ils ne savent ce qu'ils font.* De même Saint Paul à Timothée : *Dieu m'a fait miséricorde, parce que mon incrédulité etoit l'effet de l'ignorance ?* N'est-ce pas la folie, & non la malice ? Quel est le sens de ces paroles : *Dieu m'a fait miséricorde, parce que, &c.* N'est-ce pas insinuer clairement, que sans le crédit & la recommandation de la Folie, il n'y auroit point eu de miséricorde pour Saint Paul ? Le mistique Psalmiste étoit aussi des nôtres, dans cet endroit : que j'ai oublié de placer en son lieu ; *Daigne Seigneur, oublier les egaremens de ma jeunesse, & mes ignorances.* Ce divin chantre, l'avez vous remarqué ? s'excuse par deux endroits ; par la jeunesse, âge dont je suis la fidèle & inséparable compagne ; & par l'ignorance. Notez, qu'il exprime la sienne par le nombre pluriel ; & cela, pour montrer la grande force de sa folie.

Pour sortir plus vite d'un détail qui ne finiroit jamais, vous allez voir en raccourci, que la Religion Chrétienne semble s'accorder parfaitement avec la Folie, & n'avoir nul rapport avec la Sagesse. Comme c'est-là un vrai Paradoxe, je ne suis pas assez déraisonnable pour demander d'en être cruë sur ma bone foi ; je viens donc aux preuves. Premiérement, les jeunes-gens, les vieillards, les femmes, & les sots, prennent plus de plaisir que les sensés, aux sacrifices, & aux autres cérémonies du Culte ; d'où vient qu'il tâchent de s'aprocher de l'Autel

tel

tel le plus qu'ils peuvent. Et qui leur donne
ce zèle de dévotion? L'impreſſion toute ma-
chinale de la Nature. En ſecond lieu, les Fondateurs de la Religion Chrétienne, faiſant pro
feſſion d'une ſimplicité merveilleuſe, étoient les
ennemis déclarés de l'étude des Belles-Lettres.
Enfin, il n'y a point de Fous qui paroiſſent plus
extravagans, que ceux qui ſe ſont livrés tout
entiers à l'ardeur de la Pieté Chrétienne : ils ré-
pandent leur argent comme de l'eau ; ils mépriſent les injures ; ils ſe laiſſent tromper ; ils ne
mettent aucune différence entre les amis & les
ennemis ; la volupté leur fait horreur ; l'abſti-
nence, les veilles, les larmes, les travaux, les
outrages, voilà ce qui les engraiſſe ; un grand
dégoût pour la vie, grande impatience de mourir ; enfin, on diroit qu'ils ſont abſolument pri-
vés du ſens commun, & que ce ſont des corps
qui vivent ſans ame & ſans ſentiment. Quel
nom trouverons-nous à cela ſi le nom de Folie
ne convient point ? Les Juifs n'étoient-ils pas
fondés à croire que les Apôtres avoient trop bû ?
Le Juge Feſtus n'avoit-il pas raiſon de prendre
Saint Paul pour un extravagant ?

Mais puisque je me ſuis érigée ici, je ne ſai
comment, en ſavante & en raiſonneuſe, je veux
ſoutenir la gagûre jusqu'à la fin. Courage, mon
bel eſprit ! Soutenons devant ces Auditeurs, devant cette illuſtre Aſſemblée de Fous, une nouvelle thèſe, à laquelle on ne s'attend pas. Oui,
Meſſieurs, je vais vous montrer, que le bonheur des Chrétiens, que cette félicité qu'ils
cherchent avec tant de peines & de travaux,
n'eſt qu'une eſpèce de folie, & de fureur.
Vous

Vous me regardez de travers, & l'indignation vous monte au vifage ? Doucement, doucement, ne nous arrètons point aux mots, ce ne font que des fons articulés & arbritraires ; attachons-nous feulement à bien examiner la chofe. J'entre en matiére.

Le Syftème du Chriftianisme fur le vrai bonheur de la vie, eft presque la même chofe que le plan des Platoniciens. Suivant le principe fondamental de ces deux Parties, l'ame eft enfoncée dans le corps, elle eft envelopée des liens de la matiére ; elle eft tellement entrainée par la péfanteur de la machine organique, qu'elle a une peine extrème à connoitre le Vrai, & encore plus à en jouïr. Par cette raifon-là, Platon définit la Philofophie, *la méditation de la mort* ; car, comme la Philofophie retire l'ame des objets vifibles & matériels, auffi fait la mort. Sur ce pied-là, tant que l'ame employe les organes du corps felon l'œconomie naturelle de ces deux fubftances diftincts, l'ame eft faine & fage : mais lorsque l'ame, rompant fes liens, tâche de s'enfuir de fa prifon, & de fe procurer la liberté, alors on apelle cela *folie* ; & fi ce dérangement vient de maladie, & de l'altération des organes, alors tout le monde convient que c'eft une fureur. Nous les voyons pourtant, ces Fous trop heureux, nous les voyons prédire l'avenir, poffeder des Langues & des Sciences qu'ils n'ont jamais apris, & faire voir en eux quelque chofe de divin. D'où peut venir un tel prodige ? C'eft fans toute, que l'ame, devenuë un peu plus dégagée de la fervitude du corps, commence à montrer fa force

natu-

naturelle. Ne feroit-ce point-là auffi pourquoi
(1) les mourans parlent quelquefois en infpirés ?
Si l'amour & le zèle de la pieté produifent cet
effet extraordinaire, ce n'eft peut-être pas le
même genre de Folie ; mais il en aproche fi fort,
que communément on lui donne ce nom-là. Et
en effet, qui ne traiteroit pas de Fous, de Maitre-
Fous, un très, & plus que très-petit nombre de
pauvres d'efprit, qui par leur conduite, font le
procès à tout le refte du Genre-humain ? L'idée
de Platon ne fera pas ici hors d'œuvre. Ce Philofophe feint une Caverne pleine de gens qui y
font arrêté malgré eux. Un de ces captifs s'enfuit, & après s'être promené long-tems, il revient. Oh ! mes amis, s'écrie-t-il en rentrant, que
vous me faites pitié ! Vous ne voyez ici que des
ombres, que des fantomes, en un mot. vous
êtes des fous· Mais pour moi ? je n'ai rien vû que
de réel, que de folide, rien qui ne foit en être. Les
Caverniers, de leur côté qui ne font jamais fortis
du fouterrain, diront en s'entre-regardant : Que
veut donc dire ce Fou-là ? férieufement, fa cervelle eft démontée. Ainfi en va-t-il du commun
des hommes : ce qui tombe le plus fous les fens
occupe le plus leur efprit ; ils ne connoiffent presque point d'autres Etres, que les Etres matériels
& fenfibles. Au contraire, ceux qui fe font devoüés

____

(1) Les mourans.) *Socrate, condamné très-injufte-*
ment à mourir par la ciguë, dit aux Juges qui avoient
prononcé fa Sentence : Je fouhaite d'être bon Prophéte
pour vous qui m'avez condamné ; car je fuis dans la
conjonéture où les hommes devinent, c'eft-à-dire, aux
aproches de la mort.   N

voüés à la pieté, plus un objet a de raport au corps, moins ils en font de cas, étant toujours attachés à la contemplation des chofes invifibles.

Les Mondains font leur premiére & principale occupation d'amaffer du bien : enfuite ils s'apliquent à contenter le corps ; & le dernier foin fe réferve pour l'ame, dont la plûpart ne croient point l'éxiftence, parce qu'elle n' eft pas vifible. Les gens embraffés du feu de la Religion prennent une route oppofée : ils mettent toute leur confiance en Dieu, qui eft le plus fimple des Etres : après lui, & cependant en lui, ils penfent à leur ame, comme à la chofe qui aproche le plus de la Divinité. Ils ne fe foucient nullement du corps : non-feulement ils méprifent la fortune, mais même ils la fuyent ; & s'ils font obligés par devoir, & comme Péres de famille, à veiller fur leur temporel, ce n'eft qu'à regret, ce n'eft qu'avec dégoût, parce qu'ils ont comme s'ils n'avoient point, parce qu'ils poffedent comme ne poffedant point. Il y a encore plufieurs autres degrés de différence entre les hommes qui ne s'occupent que du corps, & ceux qui fe donnent tout à fait à la pieufe culture de l'ame : pour mieux diftinguer ces degrés, pofons un principe inconteftable.

Quoique tous les fentimens de l'ame ayent une liaifon néceffaire avec le corps, il y en a pourtant de deux fortes : les uns plus matériels, tels que font l'attouchement, l'ouï, la vûe, l'odorat, & le goût : les autres ont moins de raport aux organes, & ceux la font là mémoire, l'entendement & la volonté. Il s'en fuitde-là, que l'ame

a plus

a plus ou moins de force : à proportion qu'elle s'applique plus ou moins à ces divers sentimens. Bâtissons maintenant sur cette supposition. Parce que les gens qui font leur tout de la pieté, s'élèvent, autant qu'ils peuvent, au-dessus des sens corporels, ils les émoussent si fort, qu'à la fin ils ne sentent plus rien. Un Saint Bernard, par éxemple, qui, à ce que sa *Légende* raporte, bûvoit de l'huile pour du vin. Au contraire, les Sensuels ont une grande vigueur d'ame pour les sens du corps, & une grande foiblesse pour les sentimens de l'ame. De plus, entre les passions, quelques-unes concernent le corps de plus près, comme les désirs amoureux, la faim & la soif, l'envie de dormir, la colère, l'orgueil, l'envie : les vrais Dévots, s'il y en a, font une guerre irréconciliable à ces passions ; au lieu que les partisans de la Nature ne croient pas qu'on puisse vivre sans elles. Ensuite, il y en a qui tiennent le milieu, & qui font comme naturelles ; par éxemple, aimer sa Patrie, ses Parens, ses Enfans, ses Proches, ses Amis : le commun des hommes accorde quelque chose à ces passions-là ; mais les Pieux travaillent à se les attacher du cœur, ou du moins à les spiritualiser. Un fils aime son Pére : vous vous imaginez, peut-être, que c'est la paternité qu'il honore & qu'il chérit dans celui dont il a reçu la vie ? nullement. Quel présent mon Pére m'a-t-il fait ? dit ce Saint : d'un corps misérable, & qui est mon plus dangereux ennemi ? encore est-ce à Dieu que je le dois, il est l'Auteur de mon être, Mais j'aime mon Pére, comme un homme en qui reluit l'image de cette

suprêsuprème Intelligence qui est *le Souverain Bien*, & hors laquelle il n'y a rien d'aimable, ni de souhaitable. C'est par cette même règle, que les gens à mortifications jugent de tous les devoirs de la vie ; ensorte que s'ils ne méprisent pas généralement toutes les choses visibles, au moins les mettent-ils infiniment au dessous de ce qui ne se voit point. Ils disent même, que dans les Sacremens, & dans les autres fonctions du Culte, la matiére ne seroit rien sans l'esprit. Les jours de Jeûne, ils comptent pour peu de chose l'abstinence de la viande & du souper, quoique la Multitude fasse consister en ces deux points toute l'obligation du précepte. Les Pieux vous disent, qu'il faut jeuner d'esprit, dompter ses passions, mortifier sa colère & son orgueil, afin que l'ame étant plus dégagée de la masse du corps, soit mieux en état de goûter les biens du Ciel. Autant en est-il de la Messe : nous ne méprisons pas, disent-ils, ce qu'il y a d'extérieur & de visible dans ce Sacrifice : mais les signes & les cérémonies seroient inutiles, & même pernicieux, sans le secours de l'esprit. Ce Mystère représentant la mort du Sauveur, il faut que le Fidèle la représente aussi en mourant à ses passions, afin de ressusciter en nouveauté de vie, pour s'unir à Christ & à ses Membres. C'est dans cette disposition, que les Saints assistent à la Messe. Le Vulgaire n'en fait pas de même : ne connoissant dans ce Sacrifice, que le commandement d'en être témoin, on regarde, on est attentif au chant, aux cérémonies ; & puis c'est tout. Ce n'est pas seulement dans les choses que je viens d'apporter

pour

pour éxemples, que les Anges mortels rompent tout commerce avec la matiére & le corps; c'eſt généralement dans toute la vie, prenant partout un rapide eſſor vers les biens éternels, inviſibles & ſpirituels. Puis donc que les Pieux & les non Pieux différent en tout, vous jugez bien qu'ils ſe regardent les uns les autres comme des Fous. Mais je vous le jure foi de Folie, les Naturaliſtes ont raiſon dans cette diſpute-là ; & ce ſont les Pieux, qui méritent le titre de Fous. Vous ne pourrez en diſconvenir, dès que je vous aurai fait voir en peu de mots, que cette recompenſe infinie, après laquelle ils courent ſi ardemment, n'eſt qu'une eſpéce de fureur. J'apuye mon ſentiment ſur un Oracle du divin Platon : *La fureur des Amans*, dit ce Philoſophe enthouſiaſte, *eſt la plus heureuſe de toutes.* En effet un Amant paſſionné ne vit plus en ſoit, mais en la perſonne qui s'eſt emparée de ſon cœur ; & plus il ſort de lui-mème pour ſe transformer en l'objet de ſon amour, plus il ſent redoubler ſon plaiſir. Ainſi, quand l'ame d'un Dévot, qui brûle d'envie d'arriver à la perfection evangelique, ne travaille qu'à ſortir de ſon corps par le mépris des ſens & des organes ; n'a-t-on pas raiſon d'apeller cela une fureur ? Rapellez-vous en la mémoire ces maniéres de parler qui ſont ſi fort en uſage : *Il eſt hors de ſoi... Rentrez en vous même..., Il eſt revenu à ſoi.* Outre cela, ſelon l'idée de Platon, il faut meſurer par la force de l'amour, la grandeur de la fureur & de la félicité. Quelle ſera donc la vie des bienheureux dans le Ciel, vie après laquelle les Pieux ſoupirent avec tant d'empreſſe-

N 3 ment?

ment ? Car dans cet état de joye complette, & toujours renouvellée, l'ame victorieuse & triomphante abforbera le corps : cette parfaite domination, bien loin de caufer la moindre peine, deviendra naturelle : l'efprit fera comme dans fon règne, & il jouïra des efforts qu'il a fait ici-bas pour réduire le corps dans un entier affujettiffement. De plus, l'ame fera, d'une maniére incompréhenfible, comme engloutie dans cette fuprème Intelligence qui la furpaffe infiniment ; fi bien que tout l'Homme fera hors de foi ; & il ne fera bienheureux, qu'à caufe que n'étant plus avec lui-même, il recevra une volupté inexprimable de ce Souverain Bien qui attire tout à foi. Au refte, quoique cette félicité ne doive fe confommer que par la réünion de l'ame avec le corps ; cependant, parce que la vie des Saints de la Terre n'eft qu'une méditation continuelle, & comme l'ombre des joyes du Paradis, ils ne laiffent pas de gouter & de fentir en ce Monde-ci la récompenfe qui leur eft promife. Il eft vrai que, par rapport à la Beatitude eternelle, ce n'eft qu'une petite goute de cette délicieufe & inépuifable fontaine : mais cette goute vaut incomparablement mieux que les plaifirs des fens, quand vous les mettriez tous enfemble. Tant il eft vrai, que les chofes fpirituelles font infinement au-deffus des matérielles, & que les biens invifibles excellent fur les biens vifibles ! Auffi un Prophète fait-il cette magnifique promeffe : *L'œil n'a point vû, l'oreille n'a point entendu, & il n'eft pas monté au cœur de l'homme, ce que Dieu a préparé à ceux qui l'aiment.* C'eft-là ce genre de folie, qui, loin

de

de se perdre lorsqu'on monte de la Terre au Ciel,
acquiert son dernier degré de perfection. Pour
revenir à céux à qui Dieu, par une faveur toute
spéciale, fait sentir les avant-goûts de la Béati-
tude, le nombre en est fort petit, & très-suspecte.
Ils sont sujets à certains symptomes, qui ressemblent tout à fait à ceux de la démence : leurs paroles sont mal liées, ou, pour lâcher le mot, ils
ne savent ce qu'ils disent : le visage leur change
à tout moment : tantôt gais, tantôt abbattus,
pleurant, riant, soûpirant ; enfin, ils sont tout
à fait hors d'eux-mèmes. Sont-ils rentrés dans
leur bon-sens ? ils assurent qu'ils ne savent point
du tout d'où ils viennent ; s'ils y sont allés en
corps, ou seulement en esprit, éveillés ou endormis ; ce qu'ils ont ouï, ce qu'ils ont vû, ce
qu'ils ont dit, ce qu'ils on fait, rien de tout cela ne
leur est demeuré dans la mémoire, que fort con-
fusément, & comme si c'étoit un rève. Ils ne re-
tiennent qu'un seul point, c'est qu'ils étoient très
heureux dans leur folie : aussi sont-ils extrémement chagrins de leur convalescence de cerveau,
& il n'y a rien qu'ils ne sacrifiassent volontiers
pour être toujours fous au mème prix. Ce n'est
pourtant-là qu'une miette de la table de Dieu :
jugez donc du Festin éternel.

Mais, il me semble qu'il y a déja long-tems
que, sans penser à ce que je suis, je cours au-delà
des bornes. Si j'ai trop babillé, & trop hardiment,
souvenez-vous que je suis la Folie, & n'oubliez
pas que je suis Femme ; mais souvenez-vous en
même tems de cet ancien Proverbe des Grecs,
Souvent l'homme fou parle fort à propos : à moins

que vous ne prétendiez, que la Femme n'est pas comprise dans le mot *Homme*.

Vous attendez sans doute une Conclusion? Je connois cela à vos mines. Mais en vérité vous êtes de dignes Fous, si vous vous imaginez que j'aye pû retenir tout ce fatras de matiére que je vous ai débité, Au lieu d'Epilogue, Je vous régale de deux sentences. L'une est fort âgée: *Je n'aime point à boire avec un homme qui se souvient de tout*: L'autre est toute fraiche: *Je hais l'Auditeur qui a la mémoire heureuse.* C'est pourquoi, bonjour & bonne santé, celebrissimes Ministres de la FOLIE: aplaudissez, vivez, bûvez!

F I N.

TABLE

TABLE
DES PRINCIPALES MATIERES
CONTENUES DANS CETTE
DECLAMATION.

A.

Abacuc, sa Prophetie 179
Abeilles, font admirables 77
Achille, s'évapore en emportemens . . . 32
Æschyle, fon proverbe 18
Alcibiade, à quoi il comparoit Socrate . . . 61
Allemans, de quoi ils fe font honneur . . 104
Alphabet, blámé & pourquoi 73
Ame, fes fentimens font de deux fortes . . 190
Amour-propre, definition de ce mot . . . 104
Amour-propre, Compagne de la Folie . . . 24
Amour-propre eft la plus haute Folie . . . 49
Amour-propre, Préfent de la Nature Mère commune 103
Amphion à fon chant les pierres s'arrangeoient d'elles mêmes en murailles 56
Ane de la Fable reconnu par fes oreilles . . 19
Ane de la Fable, qui vouloit toucher un Luth. 151
Anglois, ce qu'ils aiment 103
Anian, récit de fa Fable 82
Apædie, qui elle eft 24
Appelle, fameux Peintre 108
Apôtres, comment font envoyés 177
Archilogus, pourquoi chaffé des Lacedémoniens 51
Ariftophane, introduit Socrate adorant les nuées 52
Argent-comptant fait rouler tout 168
Ariftote, fes fentimens fur le fang 50
Ariftote, fa fentence proverbiale 173

                    Aron

Aron, dit que c'est follement, que la faute a été
commise 184
Arts, quels sont les plus utiles 76
Astrologues ont le Ciel pour Bibliotheque . . 128
Até, signifie querelle 38
Attention de Sermon est languissante. Et comment demandée 15
Atticus, ce qu'il reproche à Ciceron, & la réponse qu'il en a 86
Auteurs font plus pitié, que d'envie. Leur peine & travail 122
Auteurs, ceux qui écrivent des sottises ont le
plus d'approbateurs 123

B.

Baccus, toûjours jeune & pourquoi 36
Baccus, ne s'offense point du surnom de ridicule 36
Baccus, on lui donnoit deux naissances . . 36
Baccus, qui fut son Précepteur 36
Baccus, ce qu'on peut dire de plus glorieux pour lui 110
Bâtisseurs, où leur passion les conduit . . . 89
Bernard (S.) son entretien avec le Diable . 95
Bernard, (S.) comment il nomme la résidence
de Lucifer 185
Bernard (S.) buvoit de l'huile pour du vin . 191
Brabançons, plus ils font vieux, plus ils font gais 34
Branche de Mirthe, comment on s'en servoit
chez les Anciens 43
Brutus & Cassius, comment surnommés, & ce-
qu'ils firent 54
Busiris, qu'il étoit 9
Buveurs & Poëtes, inventent de jolies pensées
à l'honneur de Bacchus 110

C.

Cardinal, ce que signifient ses ornémens . . 156
Cardinal, la grandeur de sa Cappe 158

DES PRINCIPALES MATIERES.

Cardinaux, de quoi ils se vantent 158
Cardinaux, leur étalage 158
Cardinaux, devroient imiter la pauvreté des
    Apôtres 158
Caton d'Utique, ce qu'attira son opposition à
    César 53
Caton le Censeur, fut 40 fois accusé & 70 fois
    Auteur de condamnations 53
Caton le Censeur, ce qu'il fit aux Jeux publics 55
Censeur, ce que c'étoit à Rome 137
Cérémonies publiques, celles que faisoient les Ro-
    mains pour les Empereurs morts . . . 58
César, de qui il se défioit, & dequels autres non 182
Chaldéens, inventérent l'Astrologie. Et sont trai-
    tés de superstitieux par Erasme 75
Cahos & Saturne, les plus anciens Dieux, dont
    tous les autres sont descendus 21
Chasseurs, quelles sont leurs délices, & leurs
    cérémonies. 88
Cheval, son ardeur & son courage 77
Cheval, sa servitude , ... 77
Chiens, épargnent les Enfans & les Foux . 81
Chiron, refusa l'immortalité 68
Christianisme, comment il est défiguré . . . 98
Christianisme, son système sur le bonheur de la
    vie est presque le même , que celui des Pla-
    toniciens 188
Christofle S.) comment on le représente & ce
    qu'on en attend 93
Chrysippe, a écrit des sottises en écrivant sur la
    Dialectique 52
Ciceron, trembloit & bégayoit à l'entrée de ses
    Oraisons 52
Ciceron, sa sagesse fut préjudiciable à la Républi-
    que 54
Ciceron, irrita Marc Antoine 54
Ciceron, son fils dégénéra 55
Ciceron, ce qui entend par les Géans . . 79

Ciceron, ce qu'Atticus lui reproche, & ce qu'il
lui répond 86
Ciceron, comment il pense de la Folie . 169
Cinanome, ce que c'est . . . 88
Circé, change Grillus en Cochon . 78
Claude (l'Empereur) est tourné en ridicule par
Lucien 9
Clepsydre, ce que c'est . . . 93
Colere, où elle domine . . , . 40
Comédie (l'ancienne) qui l'inventa, pourquoi cor-
rigée 8
Comédie (l'ancienne) étoit satyrique . . 36
Complaisance, ses espèces, ses différences & ses
effets 104
Comus, inspire la débauche . . 25
Convoitise, jusqu'où elle s'étend . . 40
Cupidon, comment toûjours Enfant . . 37
Cupidon, son aveuglement . . . 46
Curtius, se précipite par vaine gloire . 58

D.

David, dit, nous avons fait follement . 186
Déclamation, jeu d'esprit . . . 13
Délices, Compagnes de la Folie . . . 25
Décius, *Père & Fils* se dévouent aux Dieux
des Enfers . . 7. 59. 114. 58
Démocrite, rioit de tout . 14. 118. 228. & 117
Démons, ont tiré leur nom de la Science . 73
Démosthène, sa sagesse préjudiciable à la Ré-
publique 54
Denys, qui il étoit 118
Denys, ce qu'il devint . . . 118
Denys, tient ferme contre Platon . . 182
Dévôts, font une guerre irréconciliable aux passions 191
Dévots, travaillent à se les arracher du cœur . 191
Diable, son entretien avec S. Bernard . 95
Diane, ce qu'elle fit pour Endymion . 37

DES PRINCIPALES MATIERES.

Didyme, a écrit des fottifes, écrivant fur la Grammaire 181
Dieu, fource de toute lumière . . 171
Dieu, feul bon 171
Dieux d'Homere, pourquoi ainfi nommés . 14
Dieux choifis, les plus grands, ou les principaux 22
Dieux, font des impertinences, quand ils ont trop bû 39
Dieux, partagent leurs faveurs . . 110
Dieux, partagent leurs défauts . . 110
Dieux, font plutôt des bourreaux, que des Dieux 111
Dieux, où ils font adorés chacun en particulier 113
Dignités Eccléfiaftiques, Chevaux & Anes les obtiennent plûtôt, que les Philofophes . 167
Diogene, ce qu'il dit à ceux, qui étoient accourus à fon cri 63
Domitien, les titres, qu'il fe donnoit . 63

E.

Eccléfiaftique, étend le nombre des fous à l'infini 171
Eccléfiaftique, fon exclamation . . 171
Eccléfiaftique, ce qu'il dit du Fou & du Sage . 173
Eccléfiaftique, ce qu'il ordonne . . 173
Ecoffois, de quoi ils font cas . . 103
Egarement d'Efprit, Compagnon de la Folie . 25
Egide, ce qui eft ainfi nommé . . 26
Eglife, ordre de fon Cérémonial . . 171
Ellebore, ce que c'eft . . . 87
Enée, comment il appaifa Cerbère . . 145
Enfans, pourquoi ils font aimables . . 29
Enfans, font épargnés des Chiens . 80
Eponge, toûjours attachée à fon rocher . 142
Erafme, traite les Chaldéens de fuperftitieux & pourquoi 75
Erafme, comment il louoit Philippe de Bourgogne 105
Erafme, blâme ceux, qui tordent l'Ecriture fainte 136
Erafme, compare les Moines à des Eponges . 142
Erafme, s'échauffe à l'occafion du Pape Jules II. 163

Erafme

Erasme, (Saint) par qui invoqué   93
Ergoteurs, à quoi ils font bons   15
Ergoteurs, leur occupation   15
Esculape, qui font fes prêtres   76
Espagnols, à quoi ils fe plaifent   108
Evêque, devoit étudier fon équipage   156
Evêques, le confeil, que leur a donné la Folie   156
Evêques, leur principale affaire   157
Evêques, ce que fignifie leur nom   157
Evêques, quelques-uns difent, que pour l'honneur de leur dignité ils doivent rendre l'ame à Dieu dans un combat   84

F.

Femme, ce qu'elle eft   42
Femmes, leurs agrémens   42
Femmes, à quoi elles s'étuduent   42
Femmes, fe plaifent avec les Bouffons, font tout avec eux   83
Femmes, ont plufieurs raifons fecretes pour aimer les Moines   151
Femmes, courent après les Fous, & fuyent les Sages comme des fcorpions.   168
Feftus, la raifon, qu'il avoit, de prendre S. Paul pour un extravagant   187
Filles Miléfiennes, faifies d'une fureur qui les portoit à fe faire mourir   68
Flaterie, ce qui eft ainfi nommé   104
Flaterie, Compagne de la Folie   24
Flaterie, règne dans toutes les Cours   38
Flaterie, l'affaifonnement du Commerce humain   106
Flore, ce qu'elle étoit chez les Romains   37
Folie, comment elle eft nommée par les Grécs .   7
Folie, comment introduite par Erafme   13
Folie, ce qui lui eft convenable   16
Folie, rien pour elle   17
Folie, réduite à fe louer elle même   17
Folie, donne des biens   19

Folie,

Folie, qui est son père 22
Folie, qui est son ennemie 22
Folie, qui est sa mère 23
Folie, le lieu de sa naissance . . . 23
Folie, qui l'a allaitée 24
Folie, qui sont ses Compagnes . . . 24
Folie, veut être nommée Alpha . . . 25
Folie, chez elle folie est sagesse . . 29
Folie, elle hait les Enfans sages . . 31
Folie, par sa bonté le Vieillard radote . 31
Folie, retarde la fuite de la jeunesse, & recule
    la vieillesse 34
Folie, rendit la jeunesse à Phaon . . 35
Folie, fait tout le bonheur & le plaisir des
    hommes 39
Folie, est répanduë dans tout le genre humain 39
Folie, son conseil à Jupiter . . . 40
Folie, sa qualité 41
Folie, ses inventions 43
Folie, forme & entretient l'amitié . 44
Folie, son escorte 46
Folie, sans elle nulle societé, ni union ne peut
    subsister 47
Folie, sans elle tout périroit . . . 48
Folie, met en belle humeur & les Dieux & les
    hommes 14
Folie, est la source de tous les fameux exploits
    des Héros 59
Folie, aplanit toutes les difficultés . 60
Folie, est naturelle à l'homme . . 72
Folie, a honte elle même des dévotions ridicules 95
Folie, a défiguré le Christianisme . 98
Folie, ses réponses aux sentimens des sages . 106
Folie, tous les hommes lui ont obligation . 110
Folie, ne demande ni vœux, ni offrandes . 111
Folie, méprise les sacrifices . . . 112
Folie, dequoi elle se tient honorée . . 112
Folie, l'etenduë de son Temple . . 112

Folie, ne manque point de Prêtres . 112
Folie, tous les mortels font fes ftatuës . 113
Folie, la Déeffe à qui les hommes ont les plus
    d'obligation 113
Folie, eft hérétique . . . 129
Folie, trouve rarement du ridicule . 138
Folie, donne belle efpérance aux Moines . 143
Folie, fon confeil aux Evêques . . 157
Folie, par fon moyen, il n'y a pas des gens,
    qui vivent plus dans la volupté, & dans la
    moleffe, que les Papes . . . 160
Folie, aucun homme ne peut vivre heureux,
    s'il n'eft initié à fes myftères . . 166
Folie, fon Eloge eft un fond inépuifable . 168
Folie, comment elle eft un grand bien . 169
Folie, fonde fon Eloge fur la faint Ecriture . 169
Folie, a une amitié etroite avec les Theolog. 170
Folie, a plus de dignité, que la fageffe . 172
Folie, ce qu'en dit l'Ecclefiafte . . 173
Folie, bien digne de fon nom . . . 174
Folie, manque rarement aux difputes de Théo-
    logie & ce qu'elle y a entendu . . 179
Folie, fous fon nom on obtient grace dans le Ciel 185
Folie, fans elle point de miféricorde . . 186
Folie, fidèle & inféparable compagne de la jeu-
    neffe 186
Folie, à quoi ce nom convient le mieux . 187
Folie, eft la felicité, que cherchent les Chrétiens 187
Fortune, aime les gens, qui ne refléchiffent point 167
Fou, hazarde tout, entreprend tout, ne craint
    rien, ne connoiffant rien . . 60. & 79
Fou, ne fauroit être malheureux . . 72
Fou, l'un fe moque de l'autre . . 87
Fou, ce qu'en dit l'Ecclefiafte . . 171
Fous, font infenfibles fur les deshonneur . 71
Fous, diftinguent le mal réel d'avec le mal ima-
    ginaire . . . 71
Fous, les plus heureux de tous les hommes . 129

Fous, leurs plaisirs . . . 80
Fous, leur bonheur . . . 80
Fous, font les délices des Rois . 82
Fous, ne diffimulent point les défauts des Rois 83
Fous, paffent la vie avec agrément . 83
Fous, la fortune leur prodigue fes graces . 166
Fous, tout leur réuffit . . . 166
Fous, floriffent en tout . . 167
Fous, tous les hommes le font . 171
Fous, ce qu'en dit l'Ecclefiafte . 171
Fous, ont permiffion de dire tout . 174
Fous, qui font ceux, qui paroiffent les plus ex-
travagans . . . 187
François, ce qu'ils s'attribuent . 103
Fureur, eft de deux genres . 85

G.

Géans, comment appellés par les Grécs . 78
Gentilshommes, leur fotte vanité . 100
George (S.) comment repréfenté . 93
Glorieux, ce que fignifie cette Epithète . 175
Gracchus, les Gracchus, Tibère & Cajus, ce
qu'ils étoient, & ce qu'ils devinrent . 54
Grammairiens, quelles gens ce font . 117
Grammairiens, à quoi ils font comparés . 117
Grands de la Cour, bizarre efpèce d'hommes,
fort méprifables . . . 154
Grands de la Cour, dequoi ils fe contentent 154
Grands de la Cour, cedent aux autres le foin
d'être fages . . . 155
Grands de la Cour, quelle eft leur felicité &
quels font leurs foins . . 155
Grands de la Cour, leurs paffe-tems . 156
Grands de la Cour, de quoi ils fe glorifient . 156
Grecs, leur loi dans les Feftins . 64
Grecs, appellent les Savans, démons . 74
Grecs, dequoi ils s'applaudiffent . 103
Grecs, dequoi ils fe vantent . 109

O

Grecs

Grecs, leurs proverbes . . . 115
Grenouilles de Stoiciens, ce que c'est . 84
Grillus, changé en Cochon . . 78
Guerre, demande extrème prudence . 51

H.

Habacuc, sa prophétie . . . 179
Hableurs & menteurs, où ils se trouvent . 91
Haine du travail, Compagne de la Folie . 24
Hercule, défit le Tyran Busiris . . 9
Hippolyte, pourquoi célèbre . . 93
Hippolyte, sa mort . . . 93
Hollandois, font appellés fous en badinant à
  cause de leur sincérité . . . 35
Homère, ne fait que monter & descendre . 39
Homère, ce qu'il dit du fou . . . 60
Homère, appelle tous les hommes des misérables 78
Homère, ce qu'il dit des Phéaques . . 155
Homère, comment il représente les Amans de
  Penelope 155
Homère, comment il nomme Telemaque . 169
Homme, pourquoi il est né & dequoi il est pourvû 40
Homme, ce qui l'empêche de connoitre ce qui
  se présente à faire . . . 60
Homme, veut aller plus loin que la nature . 78
Homme, à quoi celui, qui commande à une na-
  tion est engagé . . . 152
Homme, aucun ne peut vivre heureux, s'il n'est
  initié aux mystères de la Folie . . 166
Hommes, accordent tout aux femmes . 42
Hommes, tout ce qui se fait chez eux est plein
  de folie 56
Hommes, naissent dans l'ordure & comment ils
  passent la vie 67
Hommes, leurs miseres . . . 67
Hommes, ce qu'ils demandent aux Saints . 96
Hommes, leurs actions . . . 114
Hommes, font tous fous . . . 171

Horace, (d'un) qui se fachoit contre ses amis pour l'avoir guéri de sa folie . . 29

Horace, ce qu'il nomme aimable fureur . 85

Horace, ce qu'il dit de Priape . . 148

Horace, comment il se nomme . . 169

Horace, ordonne de mêler la folie avec la sagesse 169

Horace, dit que c'est un plaisir d'être fou, quand il faut 169

Horace, aime mieux paroitre extravagant & ignorant que d'etre sage & enragé . . 169

I.

Jeunesse, est aimable 39

Jeremie, (Prophete) ce qu'il dit de tous les hommes 171

Jeremie, à qui il attribue la sagesse . 171

Jerôme (Saint) possédoit cinq langues . 175

Jésus-Christ, ce qu'il dira au jour du jugement, voyant & entendant les Moines . 143

Jésus-Christ, l'Epée, qu'il ordonne à ses Disciples d'acheter . . 178

Jesus-Christ, a préféré les plus simples & les plus stupides Animaux à ceux, qui ont de la finesse . . . 183

Jésus-Christ, appelle brebis ceux, qu'il a choisi pour demeurer dans son royaume . 183

Jésus-Christ, fait gloire du titre de berger, & aime aussi beaucoup celui d'Agneau . 184

Jésus-Christ, ce qu'il a fait pour le genre-humain 184

Jésus-Christ, ce qu'il recommande à ses Apôtres & ce qu'il leur propose pour exemple . 184

Jésus-Christ, ce qu'il defend à ses disciples . 184

Ignorance, ses privilèges . . 102

Iliade, quel est son sujet . . 184

Joueurs, leur passion & emportement . 91

Italiens, dequoi ils font parade . . 103

Itbaque, son Roi plaint par Homère . 78

Juifs, leur attente du Messie . . 103

Jupiter, lui & Junon, ce qu'ils étoient . 22

Jupi-

Jupiter, son bouclier 26
Jupiter, sa grandeur & ses foiblesses . . 26
Jupiter, son abaissement . . . 37
Jupiter, allaité par une chèvre . . 24
Jupiter, fait peur à tout le monde . . 36
Jupiter, ce qu'il a mis en tête à la Raison . 40
Jurisconsultes, comment ils sont nommés . 76
Jurisconsultes, ils devroient avoir le pas. Les
    Philosophes s'en moquent . . 76
Jurisconsultes, leur ambition . . 125
Jurisconsultes, ce que c'est leur art. A quoi leur
    travail est comparé . . . 125
Jurisconsultes, portent envie aux Théologiens 176

L.

Légistes, citent à tort & à travers . 163-126
Lethé, d'où il prend sa source, & où il coule 31
Licurgue, sa ruse avec les deux chiens . 57
Logiciens, eux les Sophistes retentissent plus que
    tout l'airain de Dodone . . . 126
Logiciens, chicaneurs éternels . . 126
Loix, qui leur a donné lieu . . 75
Lotus, Herbe fabuleuse . . . 24
Lucien, qui il étoit 8
Lucien, tourne en ridicule l'Empereur Claude 9
Lucien, raille Platon . . . 65
Lucien, son Dialogue du savetier & de son coq 109.170
Lucius, recusa Perse & Lælius & pourquoi . 122
Lucifer, comment S. Bernard nomme le lieu de sa
    résidence 185
Lynx, quelle sorte d'animal c'est . . 66

M.

Malée, ce que c'étoit, & ce qu'on en disoit . 91
Marc-Antoine, ce qu'il étoit, & ce qu'il fit , 54
Marchans, les plus fous, les plus méprisables
    des hommes 115
Marchans, pourquoi ils font du bien aux Moines 151

Mari commode, ce qu'on en dit, ce qu'on lui fait 47
Mariage, Licou, qui attache aux chagrins . 27
Mariage, ne se doit rompre que par la mort . 47
Mariage, il y en auroit peu, si on s'informoit
   bien 47
Mariage, peu subsisteroit sans l'ignorance, ou la
   bétise des maris, & comment ils sont soutenus 47
Martial, ce qu'il dit être la plus méchante bête 63
Mauvais, sont toûjours mélés avec les bons . 168
Médecin, comment estimé . . . 75
Médecine, portion de la flaterie . . 76
Médecins, Prêtres d'Esculape . . 76
Memnon, sa fille prolonge la jeunesse de Tithon 35
Menenius Agrippa, appaisa le Peuple Romain
   par son discours . . . 57
Menteurs & Hableurs, où ils se trouvent . 91
Mercure, comment il divertit les Dieux . 38
Mère de Dieu, les honneurs, qu'on lui rend . 96
Méthe, qui elle est . . . 24
Midas, raillerie sur les oreilles . . 15
Minos & Numa, leurs inventions fabuleuses . 58
Myrthe, comment on s'en servoit chez les Anciens 43
Moines, appellés hommes Angelisés . . 28
Moines, Charlatans en fait de Religion & com-
   ment ils se moquent de ceux qui les écoutent 92
Moines, à qui ils font la Cour . . 115
Moines, ce que signifie ce mot . . 139
Moines, ce nom convient mal à ceux, à qui
   on le donne . . . 139
Moines, Cochons des Dieux . . 140
Moines, sont fous d'eux mêmes. Leur princi-
   pale dévotion . . . 140
Moines, s'imaginent charmer le ciel par leur Mu-
   sique d'Ane . . . 140
Moines, monde bigarré & lucarnier, font parade
   de leur crasse ; comment il prétendent re-
   présentet les Apôtres . . 140
Moines, tout va chez eux par compas & par mesure 141

Moines,

Moines, se font des querelles & s'entre-déchirent pour des bagatelles . . . 141

Moines, n'epargnent pas leurs cinq sens de nature pour les Femmes & le Vin , . 141

Moines, imiter Jésus Christ, c'est de quoi ils se soucient le moins . . 141

Moines, leurs différens noms & Ordres, ne leur suffisant pas d'avoir reçu le nom de Chretien 142

Moines, croient le Paradis audessous de leurs mérites 142

Moines, ce qu'ils présenteront au jour du jugement 143

Moines, rendent par la bouche ce qui leur est entré par les oreilles . . . 144

Moines, leurs invectives en prêchant . 144

Moines, peuvent être nommés les Singes des Rhéteurs . . . 145

Moines, leur manière de prêcher . 145

Moines, passent legèrement sur l'Evangile . 148

Moines, Epithètes, qu'ils donnent à leurs Docteurs . . . 149

Moines, crient sans raison comme des furieux. On les prendroit pour des enragés . 150

Moines, se mêlent aussi de plaisanter . 150

Moines, ces chiens de l'Eglise mordent quelquefois sans faire mal. Prêchent en bateleurs . 150

Moines, ne manquent point d'Auditeurs, la folie leur en procure . . 151

Moines, ils font courus des Marchans & des Femes 151

Moly, ce que c'est . . 24

Momus, ses censures le firent chasser du Ciel . 38

Monarque, ce qu'il est & ce qu'il peut-être . 61

Mondains, quelle est leur occupation . 190

Mulets, se grattent l'un l'autre . 106

Multiplicateur du genre humain, ne sauroit se nommer sans rire . . 27

Muses, inspirent les fictions . 25

Mycillus, c'est le nom du Savetier faché contre son Coq, dans Lucien . . 109

N.

N.

Nation, le gout de chacune   . . 103
Nation, à quoi est engagé ; celui qui commande 152
Nature, veille à la production de tous les Etres 72
Nature, hait le fard   . . 76
Nectar ; liqueur des Dieux, dont ils s'enyvrent
    quelquefois   39
Neotète, ce qu'elle est   . . . 22
Nepenthe, ce que c'est, & ses effets   . 14. 24
Neron, ne pouvoit souffrir Seneque, & pourquoi
    il le fit mourir   31
Nestor, parle plus doux que miel   . 32
Nestor, vécut trois siècles   . . 49
Niobé, pourquoi & comment changé en rocher 146
Nirée, le plus beau des Grecs, qui assiégeoient
    Troye   . . . 49

O.

Orateurs, dequoi inspirés   . . 121
Orateurs, sont féconds en sottises   . 121
Orphée, par sa musique faisoit remuer les Chênes 106
Oubli, Compagne de la Folie   . . 28

P.

Pallas, qui elle est cequ'elle fit   . 23
Pallas, ennemie mortelle de la Folie   . 23
Pallas, sa contenance   . . . 37
Pan ; répand des terreurs   . . 37
Pan, fait rire les Dieux en chantant   . 39
Pape, ce que veut dire ce nom   . . 108
Papes, d'où ils sont venus   . . 28
Papes, eux, les Cardinaux, & les Evêques imi-
    tent les Rois & leurs Satrapes   . . 106
Papes, ce qu'ils sedisent être   . . 106
Papes, perdroient des biens innombrables, si la
    sagesse s'emparoit de leur esprit   . 106
Papes, leur train & suite   . . 159

Papes,

Papes, fur qui ils fe repofent de ce qu'il y a de
    pénible   .   .   .   **159**

Papes, par le moyen de la Folie vivent plus que
    tous les autres dans la volupté & dans la moleffe **160**

Papes, en quoi confiftent leurs fonctions Epifcopales **160**

Papes, leur mépris pour les chofes de leur devoir,
    leur orgueil & leurs entreprifes   .   **162**

Papes, leurs benedictions & maledictions   .   **160**

Papes, comment ils féduifent les fimples   .   **163**

Papes, leurs poffeffions   .   .   .   **161**

Papes; levent l'Etendart de Mars & emploient
    fans mifericorde le fer & le feu   .   .   **161**

Papes, anéantiffent le Sauveur en ne le prêchant
    point, le tiennent comme enchainé par leurs
    loix lucratives, altèrent fa Doctrine par des
    interprétations violentées, gouvernent l'Eglife
    par le fang **162**

Papes, quelques-uns quittent les fonctions pafto-
    rales pour fe donner à la guerre, ne faifant
    point fcrupule de bouleverfer les Loix de la
    Religion & de l'Humanité   .   .   **163**

Papes, nomment Zèle & Piété leur fureur guer-
    rière & trouvent des raifons pour prouver que
    tuer fon frère n'eft pas enfreindre le grand com-
    mandement de la charité pour le prochain   .   **163**

Parafites, les premiers de la lie du Genre hu-
    main **51**

Parifiens, de quoi ils fe vantent   .   .   **103**

Paul S.) ce qu'il fe difoit être   .   .   **174**

Paul (S.) fur l'infcription de l'autel à Athènes   **176**

Paul (S.) ce qu'il dit de foi & pour la gloire des
    Fous & de la Folie   .   .   .   **180. 182**

Paul (S.) rejette la fcience, comme pernicieufe **185**

Paul (S.) pourquoi Feftus le croit extravagant **187**

Peintures vengereffes, ce qu'elles repréfentent, &
    comment on les expofe à Rome   .   .   **161**

Penelope, ce que dit Homére de fes Amans   .   **155**

Péres de l'Eglife, l'Apoftille, qu'on leur met   .   **162**

Phalaris, Lucien a fait son Apologie . 17
Phalaris, ce qu'il étoit . . . 118
Phaon, fut rajeuni par Venus . . 49
Phéaques, comment Homère les depeint . 155
Phèdre, son amour criminel . 93
Philautie, qui elle est . . 49
Philautie, ses moyens pour empécher l'homme
   d'être mécontent de soi . 100
Philautie, qui sont ses mignons . 102
Philosophe, n'est bon à rien . . 55
Philosophe, sa condition fait compassion aux gens
   sensées 166
Philosophe, son estomac crie famine, on l'a en
   horreur, ne fait pas plus de cas de l'argent,
   que de la bouë . . . 166
Philosophes, d'où ils sont sortis . 28
Philosophes, comment ils s'unissent. Défaut dans
   leur amitié . . . 45
Philosophes, sont inutiles dans le monde . 51
Philosophes, ne disent rien que de triste . 81
Philosophes, ne savent souvent ce qu'ils disent 84
Philosophes, on doit porter respet à leur barbe
   & à leur manteau. Sont d'agréables Fous . 127
Philosophes, se vantent de savoir tout, & ne
   s'accordent sur rien. Ne se connoissent pas
   eux-mêmes 127
Philosophie, n'est pas compatible avec les affaires
   publiques . . . 52
Philoxene, ce qu'il faisoit pour manger seul les
   bons mets 29
Pithagore, en quoi transformé . 78
Pithagore, maxime de ses Sectateurs . 116
Plagiaires, qui sont ceux, à qui on donnoit ce
   nom 123
Platon, où il place la raison. Son doute à l'é-
   gard des Femmes . . 40
Platon, son entreprise & sa timidité. Sa belle
   science . . . 53

Platon, fa république. Ce qu'il admet en Dieu 66

Platon, ce qu'il dit de la fureur des Poëtes . 85

Platon, fur ceux, qui negligent les idées divines 108

Platon, ne gagna rien auprès de Denys le Tiran 182

Platon, comment il definit la Philofophie . 188

Platon, fon idée fur ceux qui ont de la connoiffance, & ceux qui n'en ont point . 189

Platon, un de fes Oracles . . 193

Plutus, ce qu'il eft. Confond toutes chofes. Sa
colère eft redoutable . . . 22

Plutus, fa couleur 37

Poëtes, font en poffeffion de la Folie . 121

Poëtes, en quoi ils font confifter tout leur Art 121

Poëtes, qui font leurs fidèles confeilleres . 121

Poëtes & Buveurs inventent de jolies penfées à
l'honneur de Bacchus . . . 110

Poëtes & Peintres, font une Nation libre . 121

Polypheme, danfe avec les Nymphes pour divertir les Dieux . . 39

Pourceaux Acarnaniens, ce qu'ils font . 34

Prédicateurs, comment ils font nommés . 110

Prédicateurs, fur quoi ils font écoutés . 110

Prêtres, endoffent le harnois, empoignent toutes
fortes d'armes, quand il s'agit de leurs dîmes.
Leur devoir envers les Peuples ne leur entre
jamais dans l'efprit . . . 163

Prêtres, devroient fe fouvenir de ce dont leur
tonfure les avertit. Sont tous devoüés à la volupté. Croient s'être acquités de leur devoir,
quand ils ont dit leur breviaire, comment ils
le difent . . . 164

Prêtres, aucun Dieu ne les peut entendre, ni
comprendre. ne s'entendent pas eux - mêmes,
font bien inftruits fur le grand article de la
recolte, ou du profit . . 164

Prêtres, pour ce qu'il y a de plus penible ils fe
le renvoient les uns aux autres . . 164

Prêtres, se déchargent du fardeau de la devotion, comme font les Princes du soin du gouvernement sur leurs premiers Ministres . 165

Prêtres, ces prêtres spirituels savent tondre les Brebis & profiter de la laine . 165

Priape, dissolu en ses discours . . 38

Priape, ce qu'en dit Horace . 148

Priape, ce qu'il étoit & ce qu'il fit . 170

Prince, ce qu'il se doit dire chaque jour . 132

Prince, son Portrait . . . 153

Prince, ses marques de royauté . . 154

Princes, n'ont que des flateurs pour amis . 82

Princes, appréhendent les gens sages. Ne peuvent souffrir leurs verités . . 83

Princes, à qui ils sont opposés . 151

Princes, comment ils cultivent la folie . 152

Princes, s'ils avoient de la sagesse, leur état seroit triste . . . 152

Princes, sur quoi & sur qui ils se reposent . 152

Princes, comment ils vivent . . 152

Princes, quelles gens ils admettent auprès d'eux. Quels sont leurs soins, & leurs occupations; Comment ils traitent, & amusent le peuple 153

Princes, leur Portrait . . 153

Producteur du Genre humain, ne se peut nommer sans rire 27

Promethée, de quoi il fit le corps de l'homme 69

Promontoire, celui de Malée . . 91

Q.

Quintilien, a écrit sur le Rire . . 121

R.

Radoteur, boit gaillardement . . . 32

Raison, où elle réside selon Platon . . 40

Raison, son peu de pouvoir . . 40

Religieux & Moines, nommés ainsi par abus, il n'y a pas de gens qui ayent moins de religion 139

Religion, ce qu'elle a excité. Socrate s'en abstenoit 74

Religion, à quoi penfent ceux, qui font embra-
fés de fon feu . . . 190
Riches, leurs fottes penfées en mourant . 99
Romain, faifoient des Dieux de leurs Empereurs 58
Romains, de quoi ils fe félicitent . . 103

S.

Sage, s'enterre avec fes anciens Auteurs dans
une lecture inutile ? . . . 60
Sage, fa différence effentielle avec le fou . 65
Sage, fon portrait . . . 83
Sage, ce qu'en dit l'Ecclefiafte. A qui appar-
tient ce titre . . . 171
Sages, ordinairement malheureux - 54
Sages, leurs manières & contenances . 55
Sages, ont deux langues . . 82
Sages, font craints des Princes . . 83
Sages, leur fentiment fur la flaterie . 106
Sages, ce qu'on dit d'eux proverbialement . 166
Sages, approuvant leurs fcrupules, on ne peut
vivre en repos 167
Sages, On ne doit avoir aucune liaifon avec eux,
quand on veut jouir des plaifirs de la vie 168
Sageffe, n'eft abordable, que fous les aufpices de
la Folie . . . 64
Sageffe, ne fert qu'à infpirer la timidité . 167
Sageffe, eft inutile chez les Grands . . 167
Sageffe, eft détestée dans les Cours & dans les
Palais. Faut-il y renoncer pour s'enrichir dans le
commerce ? . . . 167
Sageffe, c'en eft une grande, que de favoir con-
tre faire le fou à propos . . 168
Sageffe, à qui attribuée. L'homme n'en a point 171
Saints, combien de fuppofés, comment on les re-
préfente & ce qu'on en attend . . 93
Saints, de leur invocation . . 96
Saints, où s'étend leur pouvoir . . 96

Salomon, ce qu'il dit du Fou, de la Folie, du Sa-
ge, de la Science & de la Sagesse . . 172
Salomon, ce qu'il se disoit être . . 172
Sangsuë, a la langue fourchuë . . 20
Satires, leurs figures & danses . . 38
Saturne & Cahos, les plus anciens Dieux, dont
tous les autres sont descendus . . 21
Science, poison de la felicité . . 185
Science, est rejettée par S. Paul comme pernicieuse 185
Scot, ne pouvoit pas être conçu par les premiers
ennemis du Christianisme . . 134
Scotistes, vrais Argus dans l'Ergotisme . 132
Seneque, ôte au Sage toute passion . . 65
Seneque, ce qu'il dit d'un riche fou . 101
Seneque, pourquoi Néron le fit mourir . 136
Sertorius, sa ruse des queuës de cheval . 57
Silène, danse en cadence rustique . . 38
Silènes, qui ils etoient & pourquoi ainsi nommés 61
Sisyphe, quelle est sa peine . . 125
Socrate, fut declaré par l'Oracle seul & unique Sage 51
Socrate, fut moqué de ses Spectateurs . 52
Socrate, refusa le nom de Sage . . 52
Socrate, à quoi il s'amusa . . . 52
Socrate, fut malheureux en enfans . . 55
Socrate, ses maximes . . . 58
Socrate, ce qu'il dit aux Juges, qui avoient pro-
noncée sa Sentence . . . 189
Sophiste, ce que c'est . . . 15
Sophocle, ne peut assez être loüé . 29
Souffleurs, dupes de leur entêtement & quelle est
leur fin 90
Statuaires, Rivaux des Poëtes . . 37
Stentor, comment Homere le représente . 126
Stoïcien, quelle espéce d'homme c'est . 66
Stoïcien, il se moque de tout ce qui se passe dans
le monde . . . 66
Stoïciens, leur présomption . . 26
Stoïciens, ne méprisent pas la volupté . 29

Super-

Superftitions, font en grand nombre . . 92

Superftition, c'eft un Océan . . 97

T.

Tacite, ce qu'il dit des joueurs Allemans . 91

Tantale, fes jardins ne font nulle part . 66

Thales, un de fept Sages . . 20

Thamus, inftruit par Theutus . . 73

Thémiftocle, fon Apologue au peuple d'Athénes 57

Théologie, fa Majefté profanée par des baffeffes
infipides . . . 136

Théologien, d'un qui fe nommoit *de Lire*, à qui
eft appliquée la Fable de l'Ane à la Lire 175

Théologien, fon interpretation . . 178

Théologien, comment il fait paroitre les Apôtres 179

Théologiens, à quoi ils font réduits . 76

Théologiens, Docteurs en rien . . 138

Théologiens, comment ils parlent de l'Enfer 138

Théologiens, parlent un barbare & vilain jargon 139

Théologiens, fe placent auprès des Dieux . 139

Théologiens, prennent feu comme le Salpêtre 139

Théologiens, coupent tout avec le couteau de Di-
ftinguo . . . 129

Theologiens, les queftions, qu'ils agitent . 130

Théologiens, leur Morale outrée . . 131

Théologiens, leurs fubtilités & leur entêtement 135

Théologiens, leur manière de citer . . 170

Théologiens, Gens à trois langues . . 175

Théologiens, étendent l'écriture comme une peau
& la tronquent . . . 175

Théologiens, reconnoiffables à leur air & quel il eft 180

Théophrafte, ne trouvant point fa voix voulant
haranguer le peuple . . . 52

Therfite, Homere en fait un portrait affreux 9

Therfite, le plus laid des Grecs qui affigeoient
Troye . . . 49

Theutus, ennemi du Genre humain . 73

Theutus, ce qu'en dit Socrate chez Platon   .   73
Timon, se retira dans une solitude   .   .   56
Timothée, le plus fortuné des hommes   .   166
Trophonius, sa caverne & son oracle   .   14
Turcs, ce qu'ils prétendent & de quoi ils se mo-
   quent   103

V.

Venitiens, leur enflure de noblesse   .   103
Venus, nommée par Lucrèce, principe de toute
   génération   .   .   .   28
Venus, sa beauté reverdit toujours   .   .   37
Vie, est ennuyeuse sans la Folie   .   .   28
Vieillard amoureux, à quoi il ressemble   .   70
Vieillards, deux fois enfans   .   .   31
Vieillards, leurs convenances avec les enfans   32
Vieillards, aiment la vie   .   .   .   69
Vieilles amoureuses, semblent revenuës des enfers   70
Vieillesse, son bonheur   .   .   .   30
Vieillesse, est haïssable   .   .   .   32
Volupté, compagne de la Folie   .   .   25
Vulcain, fait le bouffon pour divertir la troupe
   céleste   38
Vulcain, sa naissance   .   .   23
Vulcain, à quoi lui servit son filet   .   .   129
Vulgaire, grosse bête   .   .   .   58
Vulgaire, se met en mouvement pour des ni-
   aiseries   58
Vulgaire, tout a fait à la Folie   .   .   114

Z.

Zénon, l'ornément de la Sagesse   .   .   26
Zeuxis, fameux Peintre   .   .   .   108

FIN DE LA TABLE DES MATIERES.